异质性视角下
活动-出行决策机制研究

付学梅 著

科学出版社
北京

内 容 简 介

本书从异质性视角对居民活动-出行行为进行理论框架完善和决策机制解析：将反映偏好异质性的心理潜变量作为解释变量，纳入行为选择模型，获取个体活动-出行决策过程的多元影响因素；根据出行者的客观属性和主观心理，对出行群体进行细分，揭示个体活动-出行决策过程的响应异质性。采用国内部分城市的居民出行调查数据，集成潜变量和群体细分具体分析离散的出行方式选择、连续的活动时间分配等行为。

本书可供从事运输系统规划与管理的研究人员和实践人员参考使用，也可作为研究交通行为、消费者行为等相关方向的教师、研究生的教材，为教学、科研活动提供指导。

图书在版编目（CIP）数据

异质性视角下活动-出行决策机制研究 / 付学梅著. -- 北京：科学出版社，2024. 12. -- ISBN 978-7-03-079131-3.

Ⅰ. C934

中国国家版本馆 CIP 数据核字第 2024ZD2495 号

责任编辑：郝　悦 / 责任校对：贾娜娜
责任印制：张　伟 / 封面设计：有道设计

科 学 出 版 社 出版
北京东黄城根北街 16 号
邮政编码：100717
http://www.sciencep.com

北京厚诚则铭印刷科技有限公司印刷
科学出版社发行　各地新华书店经销

*

2024 年 12 月第 一 版　开本：720×1000　1/16
2024 年 12 月第一次印刷　印张：10 1/4
字数：207 000
定价：118.00 元
（如有印装质量问题，我社负责调换）

前　言

随着我国经济的持续快速发展，城市化进程不断推进，人们的各类活动愈加丰富和频繁，造成城市范围内出行总量呈指数化增加，与此同时收入和生活水平的提高使得人们对私人交通工具的需求大幅攀升。然而城市空间范围有限，道路基础设施的建设相对缓慢，现有道路通行能力不能充分满足人们的出行需求。这些现象直接或间接地加剧了城市道路交通的拥挤和混乱、环境污染的程度，并会进一步影响人们的生活质量和社会的可持续发展。为了阻止这些问题的进一步恶化，最持久有效的措施就是对人们的活动-出行行为进行调控，引导出行者的选择行为向着对整个道路、交通以及城市有益的方向转变。为了保证这种转变的可行性，势必要对人们的活动-出行决策过程有全面深入的认识，掌握影响人们行为决策的关键因素。

个体的活动-出行决策表现出强烈的异质性（heterogeneity），一方面，客观的社会经济属性以及选择项特征无法对人们的选择行为做出合理的解释，行为"黑箱"中与人们的心理感知相关的潜变量能从个体的心理偏好特征出发，强化对选择行为的认识；另一方面，对于不同的人群，他们的行为受到不同因素的影响，即使是同一影响因素，它的作用在各组间也不尽相同。

基于以上考虑，本书从异质性的角度出发，将其细化为偏好异质性（preference heterogeneity）和响应异质性（response heterogeneity 或 taste heterogeneity），并采用部分城市和地区的居民出行调查数据，对国内在活动-出行决策行为研究领域相对缺乏的与异质性密切相关的几个关键性问题进行了深入的分析，加强对个体活动-出行决策行为的认识，以期能为出行需求预测以及交通需求管理（transportation demand management，TDM）政策的制定和评价提供依据与指导。具体而言，本书的主要研究内容和结论包括以下几个方面。

（1）直接将反映偏好异质性的心理潜变量纳入结构方程模型（structural equation modeling，SEM），对离散-连续的五个活动-出行决策维度进行集成分析，包括生计活动、维持活动和休闲活动这三类活动的时间分配决策，以及通勤方式和出发时间这两项与通勤相关的出行决策。结果表示，两个与出行方式偏好相关的心理变量对这五类决策行为有非常明显的解释作用，有助于认识在"黑箱"

下的决策过程；出行者对小汽车出行方式的偏好心理会增加他们分配给维持活动的时间，而明显减少生计活动的持续时间；相对地，出行者对公交出行方式的偏好心理会使他们减少参与休闲活动的时间；而对每一种交通出行方式的偏好心理都会对相应方式的选择产生促进作用。通过对各活动、出行决策维度间相互作用关系的分析，发现通勤方式的选择以及休闲活动的分配时间明显取决于生计活动的持续时间，生计活动持续时间越长，选择公交作为通勤方式的可能性越低，一旦通勤方式被确定，其他非工作活动的时间分配决策会受到一定的影响；由于时间资源的有限性，个体倾向于按照生计活动-维持活动-休闲活动这个优先次序来安排他们的日活动。

（2）将反映个体异质性的心理潜变量纳入离散选择模型（discrete choice models），建立选择和潜变量的集成（integrated choice and latent variable，ICLV）模型。首先，对 ICLV 模型目前常用的三种估计方法进行基于仿真数据的比较，包括序列估计法、极大近似复合边际似然（maximum approximate composite marginal likelihood，MACML）法和 GHK 仿真极大似然（maximum simulated likelihood with Geweke-Hajivassiliou-Keane estimator，MSL-GHK）法。对比结果证实，不论样本容量的大小，在参数估计的无偏性和有效性方面，MACML 法和 MSL-GHK 法这两种同时估计法均胜过序列估计法。此外，MACML 法优于序列估计法和 MSL-GHK 法，主要体现在 MACML 法所得参数估计具备更好的相合性、有效性和稳健性，该对比结果证实了 MACML 法在实际应用中可能存在的价值。其次，建立基于多项 probit 的 ICLV 模型，并采用 MACML 法进行估计。结果表明，具备不同社会经济属性的通勤者对各种出行方式的心理态度及感知不同。通勤者对某种出行方式的态度（attitude）不仅影响他们对该方式的选择，还会对其他方式的选择产生影响。比如，对公交有厌恶情绪的通勤者非常不愿意选择这种方式，而更容易选择小汽车；对电动车持积极态度的通勤者选择电动车的概率更大，而不愿意选择小汽车或公交作为通勤方式。在制定交通需求管理政策及进行交通系统规划时，必须全面掌握出行者的态度、偏好等心理因素，从而更有效地引导甚至改变他们的出行行为。

（3）采用两类分组技术，即基于行为特征、潜变量组合的确定性分组，以及基于潜在类别的概率性分组，并将它们分别用于不同活动-出行决策的分析，深入探讨响应异质性的重要性。其中，基于行为特征的确定性分组从时间角度深入挖掘共享单车骑行数据背后隐藏的行为模式和规律；基于潜变量组合的确定性分组用于连续型决策变量的建模，即个体在生计活动、维持活动、休闲活动和出行这四个方面的时间安排以及它们之间的相互影响；基于潜在类别的概率性分组则用于离散型决策变量的建模，即具备不同心理偏好因素的群组在出行方式选择决策上的差异性，重点探讨他们对于出行时间和出行成本、舒适性和安全性等选择项属性的关注度。

（4）将偏好异质性和响应异质性通过潜变量与基于潜变量组合的确定性分组进行整合，研究城市居民绿色出行方式的决策过程，同时考虑情感态度-认知态度协同性在该过程中的调节作用。首先，基于个体对小汽车的情感态度（感觉、情绪）和认知态度（对小汽车产生环境污染的信念和评价），研究对象被聚类为相异的四组；其次构建多群组结构方程模型研究个体对于绿色出行的总体态度、社会规范（social norms）、主动感知行为控制（perceived behavioral control，PBC），以及被动感知行为控制对绿色出行选择意愿（intention）和行为产生的影响，重点对比组间差异。发现组群间在社会经济属性、心理感知及绿色出行方式决策机制上存在显著的统计学差异：只有当个体持有积极的环保意识时，对减少小汽车出行的态度才对绿色出行意愿有促进作用；当对小汽车的情感态度和认知态度不协同时，社会规范对绿色出行意愿产生积极作用；当个体充分认识到使用小汽车对环境带来的负面影响但是同时又享受这种出行方式带来的快乐和满足时，主动感知行为控制对绿色出行意愿的影响非常微弱。

（5）将偏好异质性和响应异质性通过潜变量与基于潜在类别的概率性分组进行整合，建立扩展的计划行为理论（theory of planned behavior，TPB）和潜在组选择模型（latent class choice modeling，LCCM）的集成模型TPB-LCCM，全面探讨异质性在通勤方式选择决策过程中的作用机制。选择模型中感知-意愿-行为的多层影响关系从潜变量的角度增强了模型的行为表示能力，而分组模型采用各方式的使用习惯作为解释变量；证实了具有不同心理特征的出行者，在他们的通勤方式决策过程中，相同的心理感知因素发挥的作用存在非常显著的差异。进一步而言，出行者对于不同交通方式的选择决策制定过程存在本质差别，并且要根据出行者本身的心理特征进行确定，即当出行者具有较强的使用电动车或小汽车的习惯时，开小汽车和乘坐公交上班更可能是特定情境下的习惯行为，而当出行者具有较强的使用公交的习惯时，使用这两种方式的行为在很大程度上是慎重考虑后的结果。该部分确定了方式使用习惯对出行方式决策制定过程的调节作用。

本书的创新性在于系统深入地探讨了活动-出行决策行为的异质性，从潜变量和群体细分两个方面对活动-出行决策的分析模型进行了完善，并具体分析了各类离散、连续的决策行为，具体体现在以下方面。

（1）在活动-出行决策行为分析的框架下，将异质性细化为偏好异质性和响应异质性，提升活动-出行决策行为分析的丰富度和实际意义。

（2）将离散-连续的多维活动-出行决策看作一个高度集成的整体，在考虑偏好异质性的前提下分析各决策维度的影响因素以及它们之间的相互影响。

（3）构建反映个体偏好异质性的心理潜变量，并将其纳入离散选择模型，从而建立基于多项 probit 的 ICLV 模型，分析出行者的通勤方式选择决策。

（4）基于偏好异质性进行分组，探讨组间的响应异质性，并根据目标行为的性质选择最佳的分组方式和分析方法。

（5）将偏好异质性和响应异质性进行集成，建立 TPB-LCCM 模型，提升模型对选择行为的描述能力。

目　　录

第1章　绪论 ··· 1
  1.1　本书写作背景和意义 ··· 1
  1.2　研究问题与方法 ··· 3
  1.3　研究思路和结构 ··· 8

第2章　相关研究综述 ·· 11
  2.1　引言 ·· 11
  2.2　离散选择模型 ·· 12
  2.3　考虑心理偏好的潜变量模型 ·· 15
  2.4　基于出行者异质性的分组 ·· 18
  2.5　研究现状评述 ·· 23

第3章　集成潜变量的多维活动-出行决策分析 ···································· 25
  3.1　引言 ·· 25
  3.2　潜变量影响下的多维活动-出行决策分析 ································· 25
  3.3　模型估计结果与分析 ·· 30
  3.4　本章小结 ·· 37

第4章　集成潜变量的通勤出行方式建模 ·· 39
  4.1　引言 ·· 39
  4.2　模型构建与仿真数据的生成 ·· 39
  4.3　估计结果评价及对比 ·· 47
  4.4　基于 ICLV 模型的通勤出行方式分析 ··································· 57
  4.5　本章小结 ·· 63

第5章　基于异质性分组的活动-出行行为分析 ···································· 65
  5.1　引言 ·· 65
  5.2　出行方式的异质性分析——以共享单车为例 ····························· 65
  5.3　基于潜变量分组的出行者活动-出行时间分配决策 ······················· 74
  5.4　基于潜在类别的通勤出行方式选择分析 ································· 83

5.5	本章小结	94

第 6 章 集成潜变量和确定性分组的绿色出行行为决策研究 ······ **96**

6.1	引言	96
6.2	基于 TPB 的模型框架	96
6.3	样本数据和变量	99
6.4	结果与讨论	102
6.5	本章小结	109

第 7 章 集成潜变量和概率性分组的出行方式选择研究 ······ **111**

7.1	引言	111
7.2	模型框架及基础数据	111
7.3	扩展的 TPB 模型结果	115
7.4	TPB-LCCM 结果及分析	121
7.5	后验分析	134
7.6	本章小结	137

第 8 章 总结与展望 ······ **138**

8.1	本书研究总结	138
8.2	主要创新点	141
8.3	研究不足与展望	142

参考文献 ······ **144**

第1章 绪　　论

1.1　本书写作背景和意义

尽管国内外各城市和地区的经济发展水平不尽相同，然而长久以来，各地的文明发展历程无一例外地表明：一个城市和地区经济发展的活力在很大程度上取决于当地交通基础设施的完善程度与交通系统的运行效率；进一步而言，与经济发展不协调的城市交通系统必然会阻碍整个社会的可持续性发展[1]。交通在城市综合系统中的重要性可见一斑，日益突出的交通问题也因此受到广泛关注。

1.1.1　交通需求管理是治理城市交通问题的关键之一

随着城市化进程的加快，人流、物流、信息流以前所未有的密度和速度涌向城市，城市空间范围不断扩大，人口数量持续增加，机动化水平随之攀升，这些现象带来了城市交通出行需求的高速增长，现有的交通供给已不能满足人们的出行需求，城市范围内道路的超负荷运行导致严重的交通拥堵。百度地图发布的《2023 年第 2 季度中国城市交通报告》显示①，该时间段内百度通勤高峰交通拥堵榜前三的城市是北京、长春、武汉，这些城市通勤高峰拥堵指数（即工作日早晚高峰时段，实际行程时间与畅通行程时间的比值）均超过 2.0，通勤高峰实际速度约为 24 千米/小时，将近一半的通勤时间浪费在交通拥堵中；同时，出行时间的增加造成严重的资源浪费，以及由此引发的交通事故和环境污染严重影响了城市的运行效率与居民的生活质量，这些问题已经成为城市经济水平、社会和谐等各方面可持续发展的瓶颈。

近年来，治理交通拥堵问题已经成为我国各城市改善民生的头等大事。为了缓解交通拥堵，各地无不投入大量资金进行道路建设，然而根据美国布鲁金斯学会高级研究员 Downs[2] 在 1962 年提出的当斯定律"新建的道路设施会诱发新的交通量，而交通需求总是趋于超过交通供给"。也就是说在城市空间、土地和能源有限的情况下，单纯增加道路供给无法解决交通拥堵问题。此外，私家车作为导

---

① 《2023 年第 2 季度中国城市交通报告》，https://huiyan.baidu.com/reports/landing?id=146，2024 年 3 月 28 日。

致城市交通拥堵问题的一个主要方面，受到相关部门的重视，各地政府采用一定的经济杠杆和强制性管理政策对私家车的购买与使用权进行限制，如北京的拥挤收费和私家车限行、上海的牌照拍卖以及深圳的汽车限购令，尽管这些举措在短时间内取得了一些效果，但带来了很多负面效应，长期内则表现出明显的不可持续性，甚至引发一系列的社会矛盾。在此背景下，交通领域工作的重点正在从"被动的"交通设施规划向"主动的"交通需求管理过渡，根据出行产生的内在动力和出行过程中所表现出来的时空消耗特征，通过政策、经济和技术等手段，影响交通参与者对路线、时间、地点及交通方式的选择，调整出行需求的时空分布，从而达到缓解交通供需矛盾、提高城市交通系统运行效率的目的。

1.1.2 活动–出行行为分析推动交通需求管理

归根究底，人是交通出行活动的主要参与者，交通需求管理的对象是人及其出行活动。为了通过交通需求管理措施缓解交通拥堵的蔓延，并在一定程度上控制汽车尾气排放对环境造成的压力，势必要在以人为本的基础上实现城市、交通、环境和社会的协调发展[3, 4]。

基于以上分析，为了更加有效地对交通出行需求进行引导和管理，必须对个体的出行决策行为进行全面深入的认识，掌握影响决策的关键因素，继而设计合理的交通管理政策对他们的出行需求进行引导。然而，作为引致需求，出行者在各时段、采用各方式的出行均是由在时间和空间维度呈分散状态的各类活动需求导致的，出发时刻、出行方式以及目的地等出行决策都受到相关活动的影响。因此，在对出行行为进行分析的过程中，离不开对引发出行需求的源头活动的分析。在交通研究领域，基于活动的出行需求分析方法逐渐取代传统的"四阶段"模型，该方法以人的活动为基础，通过对活动类型、活动持续时间等活动属性变量进行建模，揭示出行行为的决策机理，并能够反映个体的活动安排和出行需求间的内在联系[5]，这对出行需求预测及规划项目评价有重要的指导意义。

在交通需求管理的应用中，举例来说，公共交通系统作为一种大容量、高效率的出行方式，对改善交通拥堵的效果显著；通过活动–出行行为分析掌握影响个体方式选择的关键因素，对公共交通系统的服务水平和服务质量进行改善，不仅可以维持现有公交乘客，还可能会引导部分私家车出行者逐步减少甚至放弃私家车，通过提升公共交通方式分担率，最终达到缓解城市交通拥堵问题的目的。

1.1.3 活动–出行决策行为呈现高度异质性

著名的戏剧家莎士比亚曾经说过："一千个人眼中有一千个哈姆雷特。"尽管这句话从艺术的角度强调了不同的读者有不同的个性和立场，导致了个体间对同一事物的理解和感知能力大相径庭，但同样的道理也适用于交通研究领域趋于差异化的活动-出行决策行为及其产生机理。

随着城市形态、交通基础设施、社会文化和经济的不断发展完善，人们的活动-出行模式变得越来越复杂和难以解释。以出行方式选择为例，部分出行者对出行时间非常敏感，部分出行者则关心各种交通方式对环境所产生的影响。由于受到偏好因素的影响，决策行为表现出高度的异质性，正是基于这些因素，人们才能够不断对他们的活动-出行决策进行改善[6-8]。为了更好地理解个体的选择行为，对异质性以及反映异质性的偏好因素的全面理解掌握不可或缺，从而据此为不同的出行者提供适合的选择。

1.1.4 研究意义

综上，在分析活动-出行决策行为的过程中，清楚明确地考虑异质性及其影响，全面认识不同出行人群的活动-出行决策行为的心理性根源，对于设计引导策略、定制引导模式极为重要。由于政府的财政资金约束，交通管理部门不可能无限制地投入资金来改善整个交通系统，在这种情况下，确定关键人群及关键服务属性就显得极为重要，最理想的情况就是用最少的投入取得最显著的成效，从而针对特定人群设计相应的出行方式引导模式。本书着眼于在活动-出行决策行为的分析过程中，重点考虑异质性的存在，以此丰富完善活动-出行行为分析的理论框架，提高其对行为的表示和解释能力。

近几年心理因素所导致的异质性被逐渐加入到出行方式选择的分析过程中，然而这一进展局限于欧美发达国家。中国作为世界上最大的发展中国家，其独特的社会经济环境及发展模式决定了不能照搬发达国家的交通需求管理政策及范式。而必须结合国内城市的实际交通出行，针对出行者的行为及其异质性，进行差异化、定制化的交通服务供给，引导甚至改变以往不合理、低效率的活动和出行，提高公共交通方式的分担率，以期为交通需求管理政策实施提供指导和帮助，缓解日益严重的交通拥堵问题。

1.2 研究问题与方法

本书主要针对活动-出行决策行为的异质性展开，从多个方面进行探讨，完善活动-出行行为分析的理论框架，增强其对交通需求管理政策的参考价值。在阐述本书的主要研究内容之前，首先介绍如何在活动-出行行为分析的框架下，对异质性进行细化，进而展开定量分析。

1.2.1 活动-出行决策行为的异质性

通俗来说，异质性就是差异性、不同。从活动-出行决策行为研究的角度来看，其代表着出行者在面临某一活动-出行决策时，其选择行为中对特定的选择项有不同的看法，即个体间的品味的差异。异质性主要表现在两个方面，即偏好异质性和响应异质性。其中，偏好异质性包含个体出行者之间在自身社会经济属性、心理特征方面的可见和不可见的差异，一般情况下社会经济属性可通过调查直接获得，如年龄、性别和收入等，心理特征指的是与个体的态度、感知、价值和生活方式偏好等相关的不可直接观察到的个体心理因素。大量学者意识到出行者之间在心理特征方面存在极大的差异[9,10]，而这些心理因素同时又影响个体的出行决策。响应异质性则是个体间对于选择项特征的评价差异，也包括可观察和不可观察两个方面。以出行方式选择为例，尽管出行时间对方式的选择有负效用，但这种负效用对不同出行者来说，它的影响程度是不同的。比如，它对高收入水平的出行人群产生的负面影响可能要大于对中低收入水平的人的负作用，这种就是可观察的响应异质性。至于不可观察的响应异质性，就是假定个体对于选择项特征的评价呈某连续分布，或者根据心理变量的组合对出行群体进行分组。进一步而言，如果简单地将所有的出行者看作一个同质的群体（homogeneous population），忽视了响应异质性在活动-出行决策过程中的重要性，导致对居民出行行为的理解产生偏差，后续相应的交通管理政策对所有出行者一视同仁，模糊了关注的焦点，导致达不到预期的效果。

采用下面的函数来进一步阐释出行者异质性：

$$U_{ij} = F_{ij}(X_{ijk}, S_{im}, Z_{in}; \beta_i, \alpha_{jm}, \omega_{jn}) + \varepsilon_{ij} \tag{1.1}$$

式（1.1）中符号的具体含义如下。

U_{ij} 为对于出行者 i，第 j 个选择项的效用。

$F_{ij}(\ )$ 为该效用函数的具体表达式，即确定性效用。

ε_{ij} 为随机误差项。

X_{ijk} 为对于出行者 i，第 j 个选择项的第 k 个特征的数值。

S_{im} 为出行者 i 的第 m 项社会经济属性特征。

Z_{in} 为出行者 i 的第 n 项心理因素。

β_i、α_{jm}、ω_{jn} 分别为与 X_{ijk}、S_{im}、Z_{in} 对应的系数。

将以上变量和系数与异质性进行一一对应，S_{im}表示可直接观察的偏好异质性，Z_{in}表示不可直接观察的偏好异质性，二者共同对个体的决策行为做出解释；β_i表示响应异质性，也就是各选择项特征对不同出行者的重要程度。需要说明的是，当β_i服从某特定分布时，表示一种不可直接观察的响应异质性；在式（1.1）中将心理因素Z_{in}表示为连续的潜变量，Olsen等[11]认为个体间心理因素的异质性是群体细分的主要驱动，就是根据个体间心理特征的差异性对出行群体进行分组，此时每一组都具备特异的心理感知状态，可以将这些有限数量的群体认为是离散的变量，它们对各组的活动-出行决策行为的影响存在很大差异，与各解释变量对应的系数β_i、α_{jm}、ω_{jn}在组间是不同的，每一组出行群体对应一组特定的系数，此时为另外一种不可直接观察的响应异质性。这两种不可直接观察的异质性间的差别就是β_i为服从某分布的连续变量，还是只能取有限离散的数值。

目前，国内关于活动-出行决策行为分析的研究中，表示可见的偏好异质性的社会经济属性变量的应用最为广泛，如第 2 章所回顾的，这些变量或被用来直接作为效用函数的解释变量，或被用来将出行样本简单分组，即可见的响应异质性。在这些研究的基础上，本书将从不可直接观测的偏好异质性和响应异质性两个方面来丰富对活动-出行决策的研究，具体问题具体分析，深入解析个体选择行为的成因，以期为交通运输部门管理政策和规划项目的具体设计实施提供有帮助的信息。

图 1.1 中给出了活动-出行决策行为研究中异质性的图形化表示。其中，上面三层表示对活动-出行决策行为的异质性进行分解细化，底层表示对异质性进行定量分析的变量、相应的分析方法，以及它们具体作用于何种异质性。

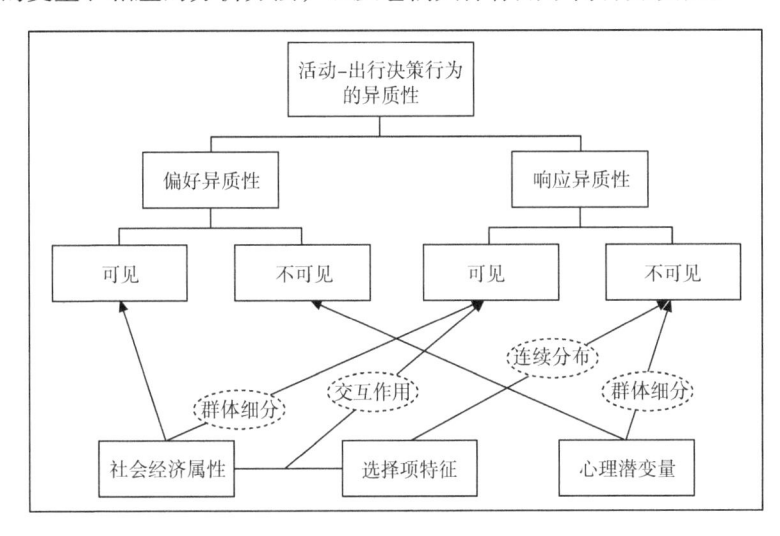

图 1.1 活动-出行决策行为异质性的图形化表示

1.2.2 研究内容

在对社会心理学、行为学和市场营销学等学科相关理论融合的基础上，本书主要采用离散选择模型和潜变量建模两者相结合的方法来分析出行者的异质性及其对活动-出行决策行为的影响。

核心研究内容包括以下五部分，其中第一部分和第二部分分别探讨偏好异质性对连续、离散的决策行为的影响，第三部分重点分析连续、离散的活动-出行决策行为的响应异质性，第四部分与第五部分对偏好异质性和响应异质性进行集成。

（1）集成潜变量的多维活动-出行决策分析。潜变量被用于表征个体的态度、感知等心理因素，然而其不可观测性导致无法通过问卷调查直接获得具体数值，而需要通过明确的指标对其进行衡量。该部分采用 SEM 构建表示不可见偏好异质性的心理潜变量，并深入探讨个体的社会经济属性及选择项的属性等外显变量、心理潜变量以及包括生计活动、维持活动和休闲活动的时间分配、通勤方式、出发时间在内的多维活动-出行行为决策之间的相互作用关系，探究偏好异质性的根源，为后续研究提供行为基础和理论支持。

（2）集成潜变量的通勤出行方式建模。将能够体现出行者不可见的偏好异质性的潜变量从离散选择模型的误差项中分离出来，作为解释变量直接加入效用函数。首先，通过传统的离散选择模型对出行方式选择进行建模分析；其次加入潜变量，通过潜变量模型对个体决策者的态度、感知等不可直接观测的心理变量进行量化，并将它们纳入离散选择模型，得到 ICLV 模型，与可直接观测的属性变量包括个体的社会经济属性以及各选择项属性，一同解释个体决策者出行方式选择行为的内在机制；并通过对两类模型的对比，剖析潜变量在解释偏好异质性方面所发挥的作用。

（3）基于异质性分组的活动-出行行为分析。采用两类分组技术，即基于行为特征、潜变量组合的确定性分组，以及基于潜在类别的概率性分组，并将它们分别用于不同活动-出行决策的分析，深入探讨响应异质性的重要性。①基于行为特征的确定性分组从时间角度深入挖掘共享单车骑行数据背后隐藏的行为模式和规律；②基于潜变量组合的确定性分组用于连续型决策变量的建模，即个体在生计活动、维持活动、休闲活动和出行这四个方面的时间安排以及它们之间的相互影响；③基于潜在类别的概率性分组则用于离散型决策变量的建模，即具备不同心理偏好因素的群组在出行方式选择决策上的差异性，重点探讨他们对于如出行时间和出行成本、舒适性和安全性等选择项属性的关注度。

（4）集成潜变量和确定性分组的绿色出行行为决策研究。该研究基于 TPB 研究城市居民绿色出行行为的决策过程，同时考虑情感态度-认知态度协同性在该过程中的调节作用。首先，基于个体对小汽车的情感态度和认知态度，研究对象被聚类为相异的四组，分别对小汽车持有正向协同、正向不协同、负向协同以及负向不协同的态度，其中正/负表示是否持有环境意识，协同/不协同表示情感态度和认知态度间的协同性。比如，正向不协同表示该出行群体享受驾驶小汽车带来的满足感和快乐，但是同时他们又能充分意识到使用小汽车对环境带来的负面影响；进而多群组结构方程模型研究个体对于绿色出行的总体态度、社会规范、主动感知行为控制以及被动感知行为控制对绿色出行选择意愿和行为产生的影响，重点对比组间差异。

（5）集成潜变量和概率性分组的出行方式选择研究。将扩展的 TPB 和 LCCM 进行集成来分析出行者的通勤方式选择决策，采用出行者对各种交通方式使用习惯作为分组变量，同时在选择模型中建立完整的扩展的 TPB 框架。一方面，选择模型和分组模型中都加入了心理感知变量的作用，可用于探讨具有不同方式使用习惯强度的个体，同一心理感知变量包括他们对各方式的态度、社会规范、感知的行为控制、行为意愿、感知成本和感知的服务水平，在通勤方式选择过程中所发挥的作用是否相同，即方式使用习惯所导致的响应异质性，有助于确定使用各交通方式的决策性质为无意识的自动行为还是慎重考虑后的理性决策。另一方面，选择模型中构建完整的感知-意愿-行为多层作用关系，这些感知变量的加入，从偏好异质性的角度增强了模型的行为解释能力。

1.2.3 研究方法

本书主要应用社会心理学、行为科学、统计学、管理科学的相关知识，从非集计的角度对个体决策者的相关活动-出行决策行为进行分析。通过识别传统建模方法的不足，从异质性的角度出发，深入探讨选择决策的行为过程，对行为模型进行丰富和拓展。

（1）基于 SEM 的潜变量提取和测定。用 SEM 分析可见的社会经济属性、不可见的态度和感知等心理潜变量因素以及多维活动-出行决策之间的关系，采用加权最小二乘法（weighted least square, WLS）进行估计；识别表示偏好异质性的心理变量在解释活动-出行决策行为中所发挥的作用。

（2）基于 ICLV 模型的出行方式选择研究。ICLV 模型包括潜变量模型和离散选择模型两部分，其中潜变量模型通过一组测量指标对潜变量进行测定（即潜变量测量方程），并以可见的个体的社会经济属性对潜变量进行解释（即潜变量结构方程）；离散选择模型在原有可见解释变量的基础上，加入潜变量的作用。本书在对比三类用于估计 ICLV 模型的方法的基础上，即序列估计法、MACML

法和 MSL-GHK 法，从中选择最优的方法进行实证分析，探讨与个体的态度、感知等相关的偏好变量对出行方式决策的影响。

（3）基于分组的响应异质性分析。从不同的角度对研究对象进行分组，以各组别之间的行为差异体现响应异质性。该部分将对采用不同分组变量的多种分组方式进行定量分析，包括：①基于骑行者一日内的多次骑行数据，以"Cosine"（余弦）距离标定每对骑行记录之间的距离，对共享单车骑行者进行分类；②以一组不可见的心理因素作为分组变量的确定性分组，并采用多群组结构方程分析对比组间差异性；③以潜在类别为基础的概率性分组，并确定各组的决策偏好。分析每种分组方式下，所得到的子群组之间是否具有显著的差异性、各组内部是否具有高度同质性，以及在出行需求管理政策上的具体指导作用，以更好地体现响应异质性在决策过程中的重要作用。

（4）确定性聚类与 TPB 的集成。情感态度和认知态度具有较高协同程度的人往往表现出更稳定的个人态度与对外部环境更强的抵抗力。该部分将心理学领域的关键因素即情感态度-认知态度协同性集成至绿色出行行为的研究框架中，即基于考虑情感态度-认知态度协同性对研究对象进行确定性分组，进而基于 TPB 构建绿色出行行为的分析框架，验证 TPB 预测因子（包括总体态度、社会规范、主动和被动感知行为控制）对绿色出行方式决策的影响，并通过多群组结构方程分析确定各组绿色出行方式决策的关键影响因素。

（5）概率性潜在类别与 TPB 的集成。为了更加全面系统地体现异质性对活动-出行决策过程的影响，将 TPB 与基于异质性的概率性分组集成到一个统一的分析框架内，采用交通方式使用习惯作为分组变量将研究对象分为一定数量的群组，在选择模型中加入完整的 TPB 框架，通过考虑感知变量间的相互作用，构建感知-意愿-行为的多层结构。该集成模型在选择和分组的过程中均考虑潜变量的影响，建立了一个系统的框架对偏好异质性和响应异质性进行集成分析。并且，为探讨交通方式使用习惯在基于 TPB 的出行方式决策过程中所发挥的作用，提供了一个新的方法和视角。

1.3 研究思路和结构

本书的研究目标就是通过对出行者异质性及其影响因素的分析来探讨活动-出行选择行为的决策机制。将反映偏好异质性的心理因素等潜变量直接作为解释变量，纳入出行方式选择的分析框架，揭示个体决策行为的内在机制；根据出行者的异质性，对出行群体进行细分，探讨响应异质性；将潜变量与异质性分组集成,对异质性进行综合分析;并在整个分析过程中,根据异质性在决策过程中发挥的作用,提出相应的交通需求管理建议。本书的主要技术路线如图 1.2 所示。

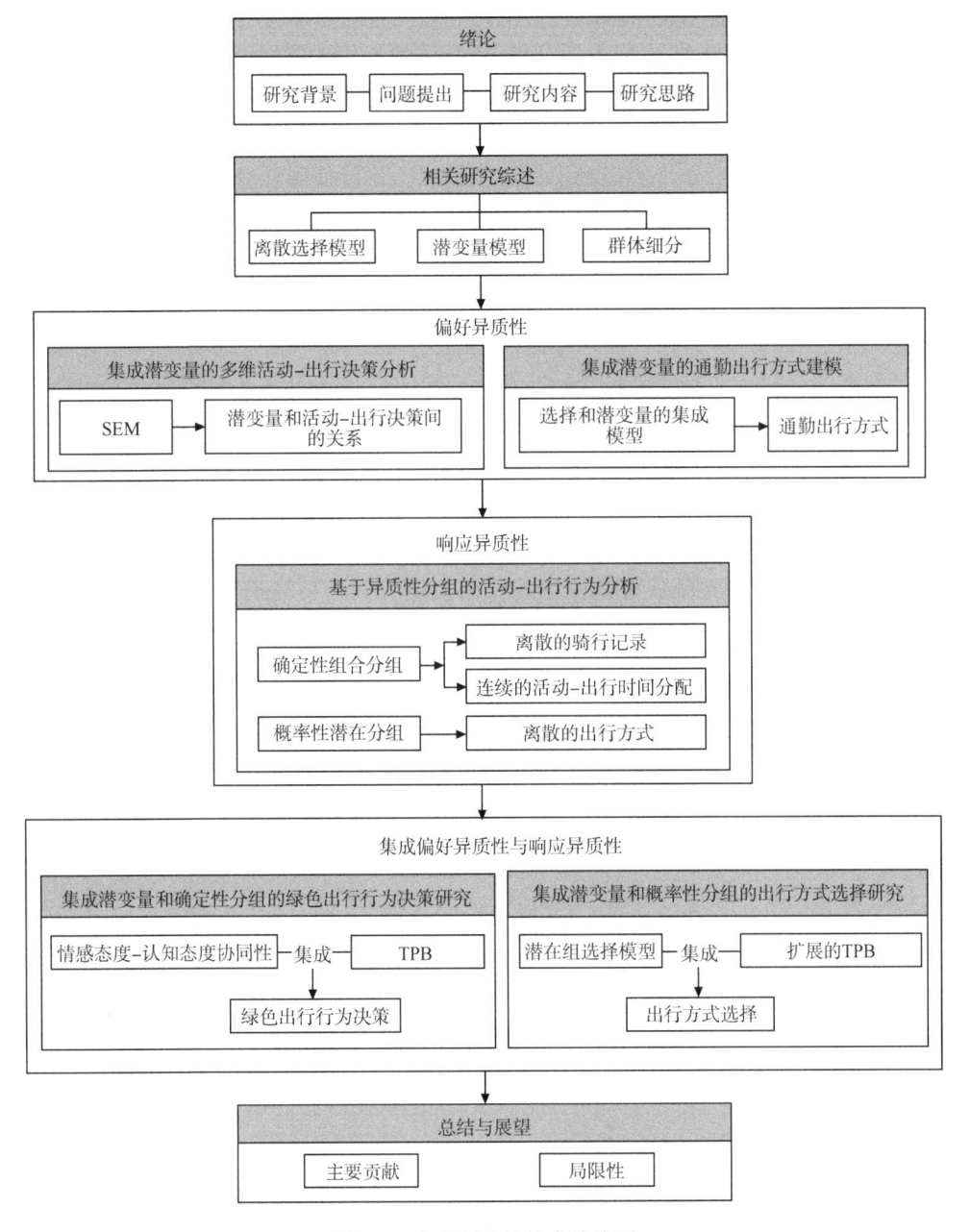

图 1.2 本书研究的技术路线图

本书共分为八章，第 1 章绪论主要说明本书写作的背景和意义、内容和方法，以及技术路线。第 2 章在对相关文献进行回顾的基础上，分析现有研究的不足，并在它们的基础上总结出本书的理论基础和较完善的总体分析框架。第 3 章考虑偏好异质性的多维活动-出行决策分析，用个体的心理性偏好因素来表示不可见的偏好异质性，并采用 SEM 将它们与个体的多维活动-出行决策纳入统一的分析框架，考虑所有因素间的结构作用关系。第 4 章多维度对比可用于估计 ICLV 模型的三种方法，集成潜变量的通勤出行方式建模，将反映偏好异质性的心理变量纳入离散选择模型，构建 ICLV 模型分析个体的通勤出行方式选择行为，确定偏好心理变量的作用机制。第 5 章基于异质性分组的活动-出行行为分析，从另外一个角度考虑异质性的影响，通过两种方式对出行群体进行分组，并将它们分别用于相应决策过程的分析。在之前几部分的基础上，第 6 章和第 7 章更加系统地考虑了异质性的存在，即兼顾偏好异质性和响应异质性。其中第 6 章将偏好异质性和响应异质性通过潜变量与基于潜变量组合的确定性分组进行整合，基于 TPB 研究城市居民绿色出行行为的决策过程，同时考虑情感态度-认知态度协同性在该过程中的调节作用。第 7 章将偏好异质性和响应异质性通过潜变量与基于潜在类别的概率性分组进行整合，建立扩展的 TPB 和 LCCM 的集成模型，全面探讨异质性在通勤方式选择决策过程中的作用机制，同时可以确定各出行方式选择决策的性质。第 8 章对本书的主要结论进行提取和总结，并指出本书的不足及未来展望。

第 2 章 相关研究综述

2.1 引 言

作为一个高密度的物质、人口和社会经济活动的聚集区，城市是一个极其复杂并且处于动态变化之中的巨系统[12]。而城市活动系统的主要参与者——居民，在城市的不同场所完成各种活动，以满足他们对个人及家庭生活等各个方面的需求。比如，上班主要是为他们的生活提供经济上的保障，做家务是为了维持所在家庭的正常运转，娱乐则是一种休闲放松的辅助手段。这些活动以及由它们所派生出的空间范围内的移动构成了整个城市及交通系统的动态主体[13]，因此，活动-出行的合理性对城市和交通系统的高效有序运行至关重要。具体而言，通过研究居民活动-出行行为特征，挖掘行为决策机理，是制定交通需求管理策略，进而调整优化居民出行结构的前提。

在具体的行为分析过程中，学者应用基于活动的出行行为分析方法对活动-出行决策的一个或几个方面进行深入的研究，分析出行者个体及其家庭的社会经济属性、建成环境及其交通系统的服务水平等变量对决策行为的影响，以及各决策维度间的相互作用关系。随着研究深度和广度的不断提升，异质性及其在行为决策结果中的重要性开始受到行为研究者的重视，下面将从活动-出行行为分析方法的基础理论模型开始，对国内外近年来交通出行研究方面的现状、心理潜变量以及基于异质性的分组方法在出行行为研究领域的应用进行综述。

近年来随着城市形态、交通基础设施、社会文化和经济的不断发展完善，人们的活动-出行模式变得越来越复杂和难以解释[14]，而对这种复杂行为的全面深入理解也变得尤为重要。一方面，出行被看作为了参加在时间和空间呈分散状态的各类活动所引发的需求，学者意识到对活动参与及其时间分配决策的研究能够增进对出行行为的理解，这对出行需求预测及规划项目评价有重要的指导意义。另一方面，随着研究的深入，异质性越来越受到重视，除了可见的属性特征如建成环境以及个体的社会经济属性等，人们的态度、个性以及感知等主观心理因素能够从更高的层次体现一种无法直接观测的异质性。

2.2 离散选择模型

2.2.1 基础模型

一直到 20 世纪 60 年代，出行需求分析的主流方法一直是重力模型[15]，它根据交通小区间的吸引度和交通成本，从集计的角度描述交通流量和方式分配，而完全不考虑出行者间的异质性。离散选择模型以经济学领域的"随机效用最大化"（random utility maximization）[16]理论为基础，在 20 世纪 70 年代被提出并成为选择行为模型研究的主流，广泛应用于分析长期的居住地决策、中期的小汽车拥有决策、短期的日活动-出行决策，如方式选择、路径选择和出发时间选择，该模型的理论框架如图 2.1 所示[10]。近年来，大量学者对该模型的行为解释能力提出质疑，并借鉴社会学、心理学、市场营销等领域的相关理论对离散选择模型进行拓展。

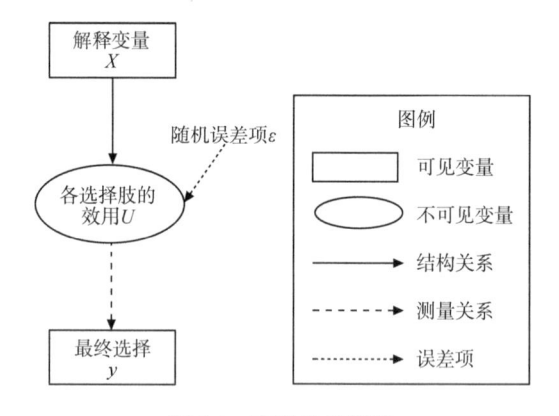

图 2.1 离散选择模型

离散选择模型假定个体的决策行为建立在经济学中的"随机效用最大化"理论基础上，用式（2.1）和式（2.2）表示：

$$U_{nj} = V_{nj} + \varepsilon_{nj} = \beta' x_{nj} + \lambda'_j s_n + \varepsilon_{nj} \quad (2.1)$$

$$y_{nj} = \begin{cases} 1, & U_{nj} \geq U_{ni}, \forall i \in C_n, i \neq j \\ 0, & \text{其他} \end{cases} \quad (2.2)$$

其中，U_{nj} 为决策者 n 选择第 j（$j=1,2,\cdots,J$）个选择肢时的效用值；V_{nj} 为系统效用，表示为可以直接观测的决策者社会经济特征 s_n 以及选择项属性 x_{nj} 的函数；ε_{nj} 为图 2.1 中的随机误差项，包括研究人员无法直接测定的因素以及随机扰动项等；β、λ 为待估参数，表示选择项属性 x_{nj}、社会经济属性 s_n 与效用 V_{nj} 的关系；需要说明的是，图 2.1 中由随机误差项指向各选择肢效用的方向线表示该效用值不可被完全准确地测定,而存在一定的误差;y_{nj}为决策者n是否选择第j个选择肢的指标项;C_n为决策者n面对的选择集。由于效用函数包含随机项ε_{nj},模型的结果为决策者n选择第j个选择肢的概率;通过假定ε_{nj}服从某种分布,便可得到具体的概率函数,若ε_{nj}相互独立且均服从Gumbel(耿贝尔)分布,得到多项logit模型。此时,决策者n选择第i个选择肢的概率为

$$P_{ni} = \frac{e^{V_{ni}}}{\sum_{j=1}^{J} e^{V_{nj}}} = \frac{e^{\beta' x_{ni} + \lambda'_i s_n}}{\sum_{j=1}^{J} e^{\beta' x_{nj} + \lambda'_j s_n}} \qquad (2.3)$$

多项logit模型具有独立于不相干方案(independence of irrelevant alternatives,IIA)的性质,即在全部可选方案集合中,决策者对于任意两个方案选择概率的比值,仅与这两个方案的效用值有关,而与其他可选方案无关,即选择项之间相互独立,多项logit模型无法对存在相关性的方案的选择进行建模,并且多项logit模型不能处理随机偏好差异。对多项logit模型的改进有如下方面。

(1)巢式logit(nested logit)模型存在分层的巢式结构,在一定程度上克服了多项logit模型的IIA特性[17,18]。每个巢内选择肢之间的概率比与其他所有选择肢的属性无关;而属于不同巢的两个选择肢之间概率比与这两个巢内的其他选择肢的属性有关。

(2)多项probit模型假设随机误差项ε_{nj}服从正态分布[19],允许随机误差项间不完全独立以及各项随机误差的标准差可以不同,从而充分体现决策者的实际选择行为。

(3)混合logit模型假定对应于选择项属性x_{nj}的系数β不是常量,而是服从一定的分布,也就是说决策者对某选择项属性x_{nj}的偏好不是相同的,即存在偏好异质性[20]。

陈先龙[21]对出行方式选择预测中常用的五种离散选择模型进行分类研究,重点分析了它们各自的理论基础与应用特征,并对实证结果进行比较,他指出通过简单选择某个离散选择模型开展研究得出的结论并不一定可靠,应根据模型特点谨慎选择、谨慎应用。

2.2.2 在活动-出行决策行为分析中的应用

离散选择模型被广泛应用于出行方式选择的研究中,国外的学者发现[22-24]:高收入人群倾向于选择独自驾驶小汽车出行;教育程度较低的出行者更易选择除小汽车之外的其他方式;居住在人口密度较高区域的出行者倾向于选择公共交通

出行；随着家庭小汽车拥有量的增加，出行者选择公共交通出行的比率会降低；年轻人较年老者选择自行车和小汽车方式的概率更大，男性较女性使用公共交通的比例更低，而使用自行车和小汽车的比例更高。

国内大量学者采用多项 logit 模型及其改进模型对各类活动-出行行为进行实证研究。其中出行方式结构作为衡量城市交通系统运行效率重要指标，其研究最为普遍[25, 26]。何民等[27]基于有序 logit 模型探究老年人活动空间的影响因素，结果表明，老年人活动空间表现出显著的群体性差异。公园密度、交叉口密度、道路网密度、商场密度、到公交站最近距离、年龄、性别、家庭结构及家庭年收入对老年人的活动空间均有显著影响。庄焱等[28]引入对交通工具舒适性要求等心理潜变量因素，构建了基于随机参数 logit 的中小城市居民出行选择模型，行车时间的系数与出行者的个人特征变量、出行特征变量和心理潜变量有关。证实不同出行方式对行车时间的边际效用不同，公交车先增加后减小，可能与行车时耗增加产生的舒适性下降有关。周耀东等[29]运用多项 logit 模型，从出行选择、习惯和政策规避分析限行政策对居民机动车出行选择的影响效应。在限行政策下，居民的出行选择来自对隐性时间价值和出行习惯的权衡；限行政策对不同收入群体具有显著的异质性影响。

除了对出行者的某特定活动-出行选择决策进行单一维度的建模分析外，学者还注重对多维决策的联合建模，分析各决策维度间的作用关系[30]。Strathman 和 Dueker[31]采用巢式 logit 模型分析出行链结构和出行方式间的因果关系，发现出行链结构的确定优先于出行方式；然而 Islam 和 Habib[32]认为巢式 logit 模型不能真正反映各决策维度的优先次序，因为在巢式 logit 模型中，层级结构指的是误差间相关性的相对强度而非真实的决策层级。杨励雅等[33]、诸葛承祥等[34]均构建了出发时间位于下层与出行方式位于上层的巢式 logit 模型，前者还分析了在早高峰时段对小汽车出行收取费用时，小汽车出行者出行行为的变化，发现出行费用的收取对居民交通方式改变的作用并不明显，建议交通管理者从改善公交服务水平出发，吸引更多居民由小汽车方式转向公共交通方式[33]。杨励雅和李娟[35]构建交叉巢式 logit 模型研究居民出行链、出行方式与出发时间的联合选择，参数估计结果表明，交叉巢式 logit 模型具有比巢式 logit 模型更优的统计学特征。当效用变量改变时，选择者首先变更其出发时间，其次是出行方式，最后才考虑改变其出行链结构。

2.2.3 离散选择模型及其应用的总结

尽管到目前为止，学者已经采用各种模型来研究出行者的活动-出行决策选择行为，并取得了一定的成果。然而不难发现，以上研究忽略了一个很重要的因素，那就是它们基本上都没有考虑出行决策者的"异质性"在他们的活动出行决策过程中发挥的重要作用。换句话说，以上行为分析模型仅通过个体可见的社会经济特征对他们的选择行为差异性进行解释，除此之外，所研究的出行者被假定为同质的群体，即不同出行决策者对各可选方案以及可选方案属性的偏好是同质的。尽管混合 logit 模型采用随机系数来考虑不同属性出行者的偏好异质性[18]，但由于该模型没有封闭形式的概率表达式，选择概率的计算要采用模拟技术，过程繁杂，其实际应用受到估计过程的限制；并且参数 β 的分布形式对模型的拟合能力影响很大，需要在研究者尝试各种分布形式后才能确定。虽然这种模型在一定程度上证实了个体间异质性的存在，但并没有解释这种异质性的来源，也无法从行为角度解释出行者间的异质性对他们出行方式选择的具体影响。Hess[36]认为应该从行为解释的角度出发，将这种差异性与出行者本身的属性相联系有助于促进对它的理解，而非简单地通过随机系数来定量化该差异性。

在分析活动-出行决策选择的过程中，有必要通过一定方式系统地考虑异质性所产生的影响，从而增强模型对选择行为的表征、解释和预测能力，保证模型的实际意义和对交通需求管理策略的指导作用。以下将主要从潜变量（态度、感知、偏好等心理因素）以及市场细分（market segmentation）两个方面对活动-出行决策行为异质性的分析进行梳理。

2.3 考虑心理偏好的潜变量模型

在以上研究所采用的离散选择模型中，可见的外在属性变量通过效用函数转化成最终的概率选择模型，而无法直接测定的用于表示异质性的态度、感知和偏好等心理特征被认定为随机因素，放置于"黑箱"[37]，在分析过程中不考虑它们对人们决策过程的影响，这不仅导致很多决策行为得不到充分合理的解释，如两个社会经济属性相同的出行者可能对出行安全性的态度不同而选择不同的出行方式，传统离散选择模型就无法对这种现象进行解释；更严重的是大量研究证实忽略这种异质性会导致估计结果产生严重偏差，甚至错误。因此，行为学家一直在强调"黑箱"中的不可见因素对研究选择行为的重要性[38,39]，致力于阐明整个决策制定过程的内在机制。早在 1986 年，McFadden[40]就指出在选择模型中需要考虑态度等心理因素的影响，他认为对于经济行为的研究应密切关注感知是如何形成的以及它们怎样影响决策制定[41]。此外，在 2000 年的一次演讲中，他再一次强调在经济学模型明确考虑态度等心理构念的必要性。Cirillo 等[42]认为出行者对公共交通方式的态度可以反映他们之间的异质性。van Acker 等[43]认为社会心理学理论（包括感知、态度和偏好等）可以对具备类似社会经济属性的出行者个体间的行为差异进行解释。

2.3.1 SEM

SEM 是一种结合因子分析、路径分析以及潜变量模型的多变量、多方程的集成建模方法，广泛应用于心理、行为、教育、社会学等领域。由于反映异质性的偏好心理因素的不可观测性，需要用测量指标来衡量潜变量[14, 44]。

国外对 SEM 的研究以及在活动-出行行为分析上的应用较为成熟，被广泛用于分析多维活动-出行决策维度间的作用关系以及分析个体出行者的态度、偏好等心理性因素对决策的影响。Outwater 等[45]证实相比 logistic（逻辑）回归分析，结构方程能更有效地从指标中提取出行者的潜在态度。Golob[46]对 SEM 的构建及估计进行了非常细致的解释，并回顾了到 2003 年为止该模型在研究出行行为中的 50 多项应用。Sakano 和 Benjamin[47]在研究通勤出行方式选择与出行中活动安排关系的过程中，发现这两类决策是相互独立的，但都受到出行者对舒适性的态度这一潜变量的影响，比较看重舒适性的出行者倾向于选择公交出行，而不愿意独自驾驶小汽车。进一步地，他们采用多日出行数据分析在长期内出行者对活动安排与通勤方式这两个方面选择的决策是序列的、同时性的，还是混合的，模型结果进一步强调了活动和出行方式间作用关系的复杂性。Handy 等[48]通过分析出行者所处居民小区的环境属性、出行行为与出行态度之间的因果关系，发现不同居民区的出行行为存在显著差异，而出行者个人对出行方式的态度可以很好地解释这种差异性。Rafiq 等[49]关注新冠疫情期间居家办公对人们活动-出行行为的影响，发现居家办公大大减少了人们的工作出行，并且对非工作活动也有抑制作用；统计结果显示居家办公对区域范围的人均出行距离有显著的消极影响。Ramezani 等[50]从纵向的时间维度出发，关注建成环境变化与活动-出行行为变化之间的关系；SEM 结果显示小汽车和自行车拥有量的变化、出行态度的变化以及出行行为的变化间存在双向交互，建成环境通过改变人们的出行态度、活动空间，进而影响出行行为。

近年来，SEM 在国内越来越受到重视，并被大量用于活动-出行决策的分析。比如，杨励雅等[51]将个人与家庭属性、土地利用作为外生变量，采用 SEM 分析了它们对出行链和出行方式的影响，以及两类内生变量间的影响效应，发现土地利用是影响方式选择的重要因素，并且小汽车方式在复杂出行链中比例较大，研究结果对新城开发和公共交通规划具有指导意义。周钱等[52]则简单分析了五项个人和家庭特征变量对活动与出行次数的影响，证实个人活动参与和出行行为主要受到时间限制、个人特征、家庭特征与家庭成员间的相互作用这四个因素的影响。以上文献中并未考虑偏好心理变量的作用。张涛等[53]基于TPB研究在校大学生公交选择行为，在行为态度、社会规范及感知行为控制三个变量决定行为意向的理论框架中加入中介变量个人偏好和体验后悔。模型估计结果显示行为态度对大学生公交选择行为呈现了与以前研究不同的负向影响；个人偏好和体验后悔都对公交出行意向与公交选择出行具有显著影响。陈坚等[54]构建了公交方式选择行为的SEM，分析了包括出行者感知的方便性、安全性、车内舒适性、服务环境、等车感受、票价合理性、服务品质和知觉价值在内的八类潜变量对出行者公交方式行为意向的直接与间接影响，并分别对比了不同职业、不同收入以及不同人格人群的模型特征。严海等[55]也分析了公交通勤意愿的影响因素，他们以拥有小汽车的中长距离通勤者为研究对象，不仅考虑了乘客对公交服务水平的感知，还加入停车满意度的作用。

2.3.2 集成模型的发展

将潜变量模型和离散选择模型相结合，直接在构建出行方式选择效用函数的过程中将个体的态度和感知等潜变量作为解释变量，考虑它们带来的影响，这在出行行为分析领域由来已久[56]。Ben-Akiva等[57]在1999年讨论了心理因素在个体决策制定过程中的作用，并构建了一个完整的分析框架来明确如何在选择模型中考虑潜在的态度、感知和偏好的心理因素。紧接着Walker[58]、Ben-Akiva等[9,59]在以上分析框架的基础上提出了具体的模型构建、参数估计，并首次提出了ICLV模型。近年来，ICLV模型在活动–出行行为研究领域得到广泛应用，如出行方式选择[60,61]、汽车购买选择[62]、出发时间选择[63]和电动车使用选择[64]。Kim等[65]、Kavta和Goswami[66]，以及Sarkar和Mallikarjuna[67]都用该模型来分析不同城市背景下的出行方式选择行为，发现出行者对出行灵活性、舒适性、安全性等的态度，以及他们的环境保护意识和生活方式都影响出行方式的选择[68-70]。集成潜变量的选择模型被证实优于传统的离散选择模型，不仅能够解释反映异质性的个体心理潜变量在方式选择中的重要性，还增强了模型的行为解释能力和预测能力。

尽管ICLV模型的价值已经得到证实，然而其实际应用仍较少，这主要来自估计方法的限制。到目前为止，主要有两种方法对其进行估计。第一种是两阶段法，即先采用SEM或者线性回归模型构建潜变量并计算因子得分，然后将因子得分直接作为解释变量纳入离散选择模型的效用函数。这种方法最简单直接，在实际中应用最广，然而可能会导致估计的参数存在偏差以及不一致[71]。第二种是同时估计法，将潜变量作为未知变量，似然函数中同时包括潜变量模型和离散选择模型，通常采用极大模拟似然法进行估计[72]；尽管同时估计法能保证参数的有效性和一致性，但这种估计方法过于复杂，耗费时间相当长，即使离散选择模型采用最简单的多项 logit 模型，似然函数也相当复杂，因此，这种估计方法应用非常少，且大部分的研究仅限于 2~3 个选择项。

国内研究在构建选择模型时对潜变量的考虑较少。刘锴等[73]探究多样化需求下的定制公交选择行为机理，并充分挖掘不可观测变量影响；他们结合定制公交运营特性，构建了反映便捷性、舒适性和可靠性的心理潜变量，并将其作为解释变量加入多项 logit 模型形成混合选择模型；混合选择模型比传统 logit 模型对实证数据有更高拟合度，预测结果也更为稳健，出行者对行程时间、等待时间、常规公交是否有座位、定制公交票价折扣和绕行比率都具有偏好异质性。叶玉玲等[74]考虑舒适性等心理潜变量，构建了城际出行链的 SEM-logit 整合模型，模型的构建过程包括两个阶段：第一阶段 SEM，即潜变量的标定，用于描述出行方式选择潜变量与对应的度量指标间的测度关系，并由参数得到潜变量的适配值；第二阶段 logit 模型，用第一阶段所得潜变量的期望值以及可见的个体属性变量作为 logit 模型的外生变量，构建选择方案的效用函数，得到选择各种出行方式的概率。结果表明，引入心理潜变量的模型有较高的拟合度和更强的解释能力，更切合出行者的实际决策过程。

2.4 基于出行者异质性的分组

对异质性的另一种处理方法就是对研究对象进行细分，根据一定的属性（或原则）将它们划分为有实际意义的子群体[75, 76]，分组后每一个组内的个体具有高度的同质性。

2.4.1 市场细分理论

市场细分理论源于市场营销领域，由美国市场营销学教授 Smith[77]于 1956 年提出。从市场营销的角度来说，市场细分就是对某种商品的消费者按照某种标准加以分类，使之分为具有不同需求特点的消费群体的过程[78]。早在 1996 年，Kamakura 等[79]就证实了个体间的异质性可以用不同子群体间的差异进行反映；他们使用有限混合巢式 logit 模型估计消费者子群体间品牌选择行为的差异，并通过交叉弹性分析提出了针对每个消费群体的特定策略。

个体的活动出行是一种特殊的商品消费，其本质是消费者选择行为[80]。因此，出行者可以被视为运输消费者，而他们最终选择的活动及出行就是购买的运输"服务"；与市场营销中的消费不同的是，出行者实际消费的并非有形的物质商品，而是为了完成活动实现的空间移动[81]。传统的活动-出行行为分析面向整个研究群体，也就是"最大化平均效应策略"。然而，同实物商品消费者一样，交通出行者之间也存在显著差异，无论是外部环境、出行者本身还是他们对活动出行的需求，都可能是引起这种差异的因素。例如，公共交通、出行者的职业、心理诉求等偏好异质性都会对他们的活动出行需求产生影响，进一步造成个体响应异质性。因此，有必要根据这些差异对出行者群体进行细分，确定每个子群体的需求特性，从而有针对性地设计差异化的交通服务和管理策略。可以说，对出行群体进行细分体现了"以出行者为中心"的交通需求研究。

根据细分标准和细分方法可以分为以下两类。

2.4.2 先验分组

先验分组法根据客观存在的简单属性对研究对象进行分组[82]，用于分组的变量以及具体的分组方案早已确定，每一个个体很明确地属于其中一个群组。20世纪80年代以前，国内外对出行群体的划分大多是基于单一属性，如地理区位、出行者的个人属性收入或性别等、出行目的或出行距离、小汽车使用频次[83-85]。

（1）地理区位。何明卫等[86]利用地理加权逻辑回归模型探究出行者社会经济-人口属性、出行属性与建成环境对短距离出行中小汽车和慢行交通方式选择的影响。研究表明，交叉口密度、道路网密度、人口密度、离退休人员和通勤出行在总体上对短距离出行中的小汽车使用造成负向影响，到中心商业区的距离在总体上体现正向影响，但这些变量的影响具有显著的空间异质性。刘宇峰等[87]在山西省选取大、中、小城市样本，探究交通可达性、出行者个体属性、出行特征、出行偏好等因素对三类城市居民出行方式具体作用差异。通过研究发现四个建模因素对三种规模城市居民的出行方式选择的影响存在明显的差异，表明策略上的"因地制宜"是有效改善居民出行结构的基础。赵莹等[88]将重点放在中外城市的比较研究，以中国北京和美国芝加哥城市中心城区居民出行行为的对比，透视不同的城市空间结构对居民行为的时空制约差异。比如，北京居民倾向于慢性交通出行，通勤距离较短，且表现出市中心指向性；而芝加哥居民依赖于小汽车出行，通勤距离较长，具有向城市远郊区扩散的趋势。

（2）性别。张萌等[89]以女性出行者作为研究对象，采用统计方法获得了男性和女性的出行行为在出行率、出行时耗、出行目的及出行方式等方面的差异性。

比如，女性在购物和社会生活等出行目的上的出行比例明显高于男性，且平均出行时耗受家庭结构因素的制约较为突出；女性出行采用的主要交通方式为步行。并通过 logit 模型发现影响女性早通勤出行链类型选择的主导因素为年龄、是否持有驾照、家庭月收入和交通工具。

（3）年龄。大量学者针对老年人的出行展开研究[90]。一方面，部分此类研究采用定性分析的方法将老年人的出行特征与其他年龄段人群进行统计分析对比；张政等[91]发现 61～65 岁年龄段老年人出行特征与 19～60 岁的人群对比差异不大，老年人出行率略低于对比人群，出行方式以步行为主，机动化水平明显低于对比人群。另一方面的研究则是用定量分析的方法来对老年人的出行特征进行挖掘，张兵等[92]构建有限理性巢式 logit 模型研究老年人出行方式选择，研究结果表明，老年出行群体并不总是会选择出行成本最低的交通方式，其方式选择行为受其理性程度与个人倾向的影响；石庄彬等[93]运用梯度提升决策树模型，研究老年人出行方式选择的决策机理，并深入挖掘公交站点辐射区内不同老年群体选择行为的异质性。发现建成环境对老年人出行方式选择的非线性作用显著，且不同的社会经济属性还会导致其存在群体差异，可为创建面向老年人友好的出行环境提供决策支撑。

（4）收入、出行目的等。陈坚等[94]从居住地选择与满意度评估、出行选择行为、居住地与交通出行关联性三个层面，对中低收入群体居住与出行选择行为涉及的关键科学问题、特征指标、分析模型、存在不足进行分析评述，提出未来中低收入群体居住与出行选择行为一体化研究的发展方向。程龙等[95]将 stereotype logit 模型和混合 logit 模型分别用于分析城市低收入居民出行链中的停驻次数即复杂度以及出行链类型的选择，发现他们的出行链复杂度会随着出行便利性和灵活性的提高而增加，且低收入人群和非低收入人群的通勤出行链复杂度没有显著差异，但低收入人群的非通勤出行链更简单。赵琳娜等[96]按照出行目的将公交乘客分为通勤乘客和非通勤乘客，分别建立 SEM 探究影响这两类乘客公交出行满意度的因素，结果表明，通勤乘客更重视公交服务的经济性、便捷性和可达性，而非通勤乘客更重视可靠性和舒适性，需要针对两类乘客分别提出提升公交满意度的措施。Wang 等[97]根据政府管控措施将新冠疫情划分为五个阶段，构建回归模型分析具备差异性社会经济特征的区域与管控阶段交互作用对不同目的地出行的影响，发现即使在新冠疫情期间，中低社会经济水平地区的人们仍然保持一定的出行量。

但出行者是多种属性的复合体，以单一属性为依据的市场细分无法有效反映子群体内部的属性结构[82]。Hunecke 等[98]认为这种方法缺乏对行为的解释能力，不能提供关于内在决策过程的相关信息。此外，学者还指出，尽管原先出行者之间存在高度的异质性，但根据事前确定的属性对出行者进行分组，模型中分析的是他们的决策行为的平均值[99]。因此，Anable[82]认为这种分组方法所确定的子群体内部并不具有期望的同质性，而错误的同质性假设会导致在行为解释和预测过程中产生严重的偏差。

2.4.3 后验分组

这种细分方法是以多变量统计分类方法为基础的后验分组，在研究前没有事先确定细分标准和最终组数，为了分组需要进行一定的实证探究[100]，继而根据所研究对象（或数据）的内在特征进行分组，而非由研究者主观确定。

1. 聚类分析

在该方法下，研究者通常会选择出行者的态度、感知等心理偏好因素或者社会经济属性特征作为混合细分变量，运用因子分析对细分变量进行降维，继而通过聚类分析得到细分结果[82, 101]。例如，在对低收入人群的识别中，毕晓莹和程龙[102]没有以收入作为唯一的衡量标准，而是选取性别、年龄、职业、受教育水平及家庭人均年收入作为聚类变量进行人群划分，得到低收入人群，并对比分析了不同地理区位的低收入人群的出行强度、出行目的、出行时段、出行距离、出行方式等出行特征。

个体出行者在行为决策过程中存在异质偏好心理，根据出行者的态度偏好心理进行市场细分，有助于理解不同市场内出行者的心理因素，并对各子市场制定有针对性的政策。在这方面，社会心理学和环境心理学领域的大量态度-行为理论，包括TPB[103]、规范-激化模型（norm-activation model, NAM）[104]等被作为理论基础。其中，TPB的核心在于将行为意愿看作决策行为的主要决定因素，因此当面对多种选择时，个体会做出他们具有最强选择意愿的决策；具体而言，行为意愿的形成由三方面因素决定，包括：①个体对于行为及其结果的态度；②感知的行为控制，即个体执行某项活动的能力，包括各种外在限制性因素、个人经验等内在因素；③社会规范，即来自家庭、朋友等社会关系的压力。近年来，大量国外研究根据这些理论对出行者进行聚类细分。Shiftan等[105]基于对时间的敏感度、对固定发车安排的需求以及公共交通使用意愿这三类态度因子将潜在的公共交通出行者分为八组。该细分结果表明基于出行态度的市场划分可以有效识别某出行方式潜在市场并制定相应政策提高该出行方式比例，且有助于发现潜在的具有方式转移倾向的出行者。Hunecke等[98]采用态度、行为规范和价值观的组合将研究对象分为五组，并将这种分组与基于社会统计学特征以及地理性特征的其他两类分组进行对比，证实基于态度的分组在私人机动化出行方式的使用、小汽车的出行距离以及温室气体的排放量等方面的预测能力更为强大。

2. 其他细分方法

适应性细分（flexible segmentation）运用统计学的联合分析和计算机模拟方法，对选择行为数据进行适应性调试，以期获得更有效的细分模型[106]。刘花和陈艳艳[107]用 SEM 分析出行者个人属性、区位属性、出行方式偏好、出行时间、出行目的、出行距离和出行方式之间的复杂关系，从中选出 12 个对出行方式影响比较显著的变量，利用多重对应分析（multiple correspondence analysis）法将出行人群划分为五类，针对每个类所倾向的出行方式提出了相应的措施，以引导居民出行。

刘健和张宁[108]运用模糊聚类模型（fuzzy clustering model）对京津城际高铁旅客进行聚类。一方面，以出行行为特征如首选交通方式和主要出行目的作为分类变量，分析城际高铁建成前后，高铁旅客群体的出行行为特征是否存在显著差异；另一方面，以个人社会经济特征和高铁选择偏好因素作为分类变量，研究不同社会经济属性的旅客群体选择高铁的偏好和意愿特征是否存在差异，有助于改善高铁服务，提升高铁吸引力。

基于潜在类别的分组将研究对象细分为几个子群体，每个子群体内的个体具有相类似的选择行为或心理偏好特征[109]，而组间表现出显著的异质性。与聚类分析不同的是，每个个体是按照一定的概率被划分到每一个分组中，而非确定属于某个分组。这种方式被应用于各领域，通过对异质性的考虑来分析个体的选择行为，尤其在货运和航空客运等方面的研究极广。Kim 和 Mokhtarian[110]基于态度因素将研究对象分为"小汽车导向"（auto-oriented）和"都市人"（urbanite）两组，对比两组中建成环境和社会人口学特征对于小汽车保有量影响的差异；结果显示集成潜在类别的选择模型优于多项式 logit 模型和确定性分组模型。对于"小汽车导向"组，家庭规模和收入对汽车保有量的影响更大，而"都市人"组中，建成环境的影响相对更大。Arunotayanun 和 Polak[111]发现单纯通过货物类型对托运人进行分析，并不能很好地解释他们货运方式选择行为的异质性；而潜在类别模型根据一系列关于托运人和托运货物的属性对将托运人分组，组内的托运人具有高度一致性的选择行为。van de Coevering 等[112]采用潜在组转变模型，根据对小汽车、公交车、自行车的主观态度及客观建成环境，将研究对象分为两组，分析时间维度上组别之间的转变模式。Teichert 等[113]对基于潜在类别的后验分组和基于客舱等级的先验分组进行了对比，发现后者无法充分反映乘客对于航空服务各属性的偏好异质性。

此外，部分研究对 LCCM 和混合 logit 模型进行对比，衡量两者在异质性分析方面的能力。相比混合 logit 模型，LCCM 的最大优点就是它不仅能够在分析选择行为的过程中考虑异质性产生的影响，还能同时对这种异质性的来源进行解释，并且研究者还无须事先确定模型参数的分布[114]。Greene 和 Hensher[115]认为 LCCM 和混合 logit 模型都能够对决策行为的异质性进行体现，然而与混合 logit 模型相比，LCCM 的价值体现在能够放松体现异质性的参数分布的假设。杨亚璪等[116]构建了出行方式选择的混合 logit 模型和潜在类别条件 logit 模型探究后疫情时代居民出行方式选择行为，发现两种模型均体现了个体出行方式选择的异质性，潜在类别条件 logit 模型与混合 logit 模型相比预测精度更高，为突发公共卫生事件下分析出行行为的个体异质性提供了一种有效工具；其根据居民所处低、中风险区两种情景，分别将居民划分为四类、五类人群。为了研究出行者出行选择偏好的异质性和心理因素对出行选择行为的影响，刘志伟等[117]将影响出行方式选择的心理潜变量纳入潜在类别条件 logit 模型，结果表明该模型对数据的拟合度高于传统的条件 logit 模型；出行者可以划分为地铁偏好群体、小汽车偏好群体、常规公交偏好群体三个潜在类别；心理潜变量中，灵活性和可靠性对出行者潜在类别划分的影响显著，舒适性对潜在类别划分没有显著影响。

2.5 研究现状评述

基于以上对国内外相关研究进展可知，对活动-出行决策行为的研究仍然存在一定的改进空间。

（1）对相关行为模型的实证研究大多数是面向国内的大中城市如北京、上海等，而对地方县市活动-出行行为模式的探究有待进一步深入。

（2）现有文献对出行方式的研究居多，而引发出行需求的活动以及活动与出行间的相互作用关系需要受到更多重视。

（3）目前国内交通领域利用 SEM 对潜变量进行建模，从而分析交通行为时，模型的应用侧重于分析选择某特定交通方式的意愿与交通出行服务满意度之间的关系，分析角度较窄，并且对出行行为影响因素之间的因果关系有待丰富。

（4）在基于异质性对出行群体进行市场细分时，国内学者大多采用单一变量进行先验分组，如收入、性别、年龄等；且在分组后多采用定性统计对比分析，各组特定的行为决策机制有待通过模型进行定量化；后验分组尤其是被国外研究发现具有更高行为解释及预测能力的潜在类别模型在国内应用较少，其对异质性的表示能力需要进一步确定。

（5）尽管潜变量逐渐受到学者的重视，可能由于数据限制以及模型估计的困难，利用潜在的偏好心理变量来解释活动-出行决策行为的异质性，以及提高模型的行为解释能力方面仍有欠缺。

（6）虽然 TPB 被证实能够有效地对活动-出行选择行为做出解释，但是在这个过程中缺乏对异质性的考虑。

不难看出，现有研究对异质性在活动-出行选择行为中应用及分析较为模糊、零散，且不够深入，本书旨在构建一个系统性框架来深入探讨如何在进行活动-出行决策行为建模时考虑异质性，以增强模型的行为解释能力和实际意义。

第3章 集成潜变量的多维活动-出行决策分析

3.1 引 言

在交通需求分析与预测中，Eluru 等[118]指出，基于活动的出行需求建模其最本质的目的是尽可能真实地再现个体的活动-出行选择制定过程，以更好地了解各决策维度间具有高度相关性的行为决策体系。新的理论和概念不断被提出，用以分析个体的活动参与决策，其中对各类活动的时间分配尤为受到重视[119, 120]。从城市和交通规划的角度来说，日时间分配模式是个体的社会经济属性、整个交通大环境、城市形态以及社会节律之间交互作用下的结果。与此同时，通勤出行以及与其相关的其他出行决策也一直是交通科学研究和政策制定关注的焦点之一。本章主要通过对潜在心理变量的提取来识别和表征个体的偏好异质性，进而分析这种异质性对包括活动时间分配以及与通勤相关的出行决策在内的多维活动-出行行为的解释能力。

3.2 潜变量影响下的多维活动-出行决策分析

3.2.1 研究内容

本章研究从国内的中等城市展开，所用数据来源于 2013 年绍兴市居民出行调查。主要目标是采用 SEM 对一组活动-出行选择决策进行联合建模分析，包括生计活动、维持活动和休闲活动这三类基本活动的时间分配决策以及通勤方式和出发时间这两项与通勤相关的出行决策。在建模的过程中，构建反映个体出行者的背景以及对出行方式的态度等潜在因素，将异质性的一个具体表现，即潜在心理变量，直接纳入模型，揭示个体的态度、偏好和感知等心理性因素在其活动-出行决策过程中所发挥的作用，完善个体活动时间分配以及通勤出行决策的相关行为和心理方面的细节信息。

3.2.2 数据准备

首先介绍本模型中的五个选择维度，三个活动时间分配变量用来表示通勤者在工作日的活动安排。第四个变量是通勤方式，限定在公交和小汽车之间，这两种方式占据了市域内出行的大部分，表示它们对研究区域内居民的重要性。更重要的是，公交被认为是环境友好型的交通方式，公交和私家车一直是城市交通管理部门关注的焦点，它们致力于通过各种方式和措施吸引私家车使用者来使用公共交通，从而缓解不断拥挤的道路交通。此外，需要说明的是尽管电动车在该城市的使用较为普遍，但由于出行方式属于名义型的无序变量，在将其作为目标变量加入 SEM 时，必须将其转换为 0-1 变量，当出行方式超过两种时，模型的复杂度和估计难度会大大提升，因此 SEM 并非对此类名义变量进行分析的最佳模型，在第 4 章中将会构建更为合适的模型来分析多选择肢的出行方式，而在此仅考虑公交和小汽车这两种方式。最后一个决策维度是通勤者上班的出发时间，即选择在高峰时段还是非高峰时段出行，希望能够为高峰时段交通量的管理提供一定的指导。总之，这些选择决策维度被认为在日活动-出行行为决策的过程中是内生的。

在对原始数据进行筛选和预处理后，最终样本量为 3285。样本数据的描述性统计分析如表 3.1 和表 3.2 所示。对于表 3.1 中的类别变量，给出了每一类所占的比例；而连续或无序变量，则给出了该变量的最大值、最小值、均值和标准差。此外，两个与通勤出行相关的决策，即通勤方式和出发时间，被定义为 0-1 离散变量，而三个活动时间分配变量作为连续变量。

表 3.1 类别变量的统计描述

属性	变量	类别	比例
个体/家庭属性	性别（Sex）	0：女	41.39%
		1：男	58.61%
	月收入/元（Inc）	1：≤2000 元	9.25%
		2：2001~5000 元	51.21%
		3：5001~8000 元	23.50%
		4：>8000 元	16.04%
	年龄（Age）	1：18~30 岁	18.35%
		2：31~45 岁	68.19%
		3：46~60 岁	10.84%
		4：>60 岁	2.62%

续表

属性	变量	类别	比例
个体/家庭属性	学历（Edu）	1：初中及以下	30.93%
		2：高中	28.68%
		3：本科	38.20%
		4：研究生及以上	2.19%
	家里是否有孩子（Child）	1：没有孩子	18.08%
		2：6岁以下的孩子	13.36%
		3：6~18岁的孩子	60.76%
		4：18岁以上	7.80%
通勤相关的出行决策（离散变量）	通勤方式（Mode）	1：公交	18.69%
		0：小汽车	81.31%
	出发时间（Depart）	1：高峰时段（6:35~7:35）	53.52%
		0：非高峰时段	46.48%

表 3.2 连续变量的统计描述

属性	变量	最大值	最小值	均值（标准差）
个体/家庭属性	家庭人口数（Fsize）	6	1	3.24（0.96）
	家庭小汽车数（Car）	4	0	1.10（0.62）
活动时间分配（单位：分钟，连续变量）	生计活动（Sub）	605	240	372.18（1.14）
	维持活动（Main）	183	0	22.07（1.47）
	休闲活动（Rec）	85	0	24.46（1.25）

可见，在工作日，通勤者将大部分的时间用于生计活动，该活动对个人来说是最基本的活动；维持活动和休闲活动的持续时间没有明显差别，并且每类活动都只持续较短的时间。以上的现象在被研究城市是很正常的，一般而言，大部分通勤者的日活动被简单地安排如下：早晨离开家去上班、在单位待一整天、下班后回家，由于时间资源的有限性，另外两类活动很少在工作日内进行。至于通勤出行，很明显地，绍兴市通勤者对小汽车的偏好明显高于公交；超过一半的研究对象选择在早高峰时间内出发，即在早上 6:35 至 7:35 之间离家。

本章模型考虑了对小汽车和公交的态度。在原始问卷中，被调查者需要回答一组与态度相关的问题，来获取他们对各种交通方式的感知、偏好和使用习惯。本章最终选取了 10 项与小汽车和公交相关的态度指标，如表 3.3 所示。其中，$Y_1 \sim Y_5$ 被指定用于与公交相关的因子的测定，$Y_6 \sim Y_{10}$ 被指定用于与小汽车相关的因子的测定。Cronbach's alpha（克隆巴赫）系数均大于临界值 0.50[121]，显示各组测量指标具有很好的内部一致性。

表 3.3　因子测量指标

编号	态度指标	均值（标准差）	Cronbach's alpha
Y_1	您会下意识不加思考地选择公交出行。 1 很不同意～5 非常同意	2.64（1.06）	
Y_2	选择公交出行已成为您生活的一部分。 1 很不同意～5 非常同意	2.64（1.11）	
Y_3	公交是您最熟悉和最自在的出行方式。 1 很不同意～5 非常同意	2.61（1.06）	0.90
Y_4	您以公交作为出行方式已经很久了。 1 很不同意～5 非常同意	2.60（1.16）	
Y_5	要您放弃公交出行是件很困难的事情。 1 很不同意～5 非常同意	2.59（1.11）	
Y_6	您会下意识不加思考地选择小汽车出行。 1 很不同意～5 非常同意	3.48（1.13）	
Y_7	选择小汽车出行已成为您生活的一部分。 1 很不同意～5 非常同意	3.63（1.10）	
Y_8	小汽车是您最熟悉和最自在的出行方式。 1 很不同意～5 非常同意	3.61（1.11）	0.92
Y_9	您以小汽车作为出行方式已经很久了。 1 很不同意～5 非常同意	3.54（1.15）	
Y_{10}	要您放弃小汽车出行是件很困难的事情。 1 很不同意～5 非常同意	3.35（1.15）	

3.2.3　理论框架

基于对现有研究的回顾和研究目标，本部分构建了一个理论框架。在图 3.1 中，椭圆表示选择项效用或潜在因子，矩形表示可见的属性特征、行为决策或者态度指标。潜变量之间的结构关系用实线表示，连接潜变量与其测量指标的测度关系则表示为虚线。此外，需要注意的是，椭圆和矩形间的虚线箭头并非直接的作用关系。例如，特定的个体/家庭的社会经济属性特征如收入并不是由潜在因子社会经济地位（socio-economic status, SES）进行解释，而是该属性特征用于社会经济地位的测定和衡量。

具体而言，该模型是建立在几个基本的假设之上：①个体出行者的背景会影响他们对小汽车和公交的偏好；②多维的活动-出行选择决策受到个体的背景变量及方式偏好的影响；③在三个活动时间分配决策和两个与通勤相关的出行决策之间存在一定的相互作用关系。由于各变量间的具体关系会在模型估计结果中给出，图 3.1 中并没有具体列出所有的建模变量以及完整的作用关系，而是对最终模型的简化和抽象，即只给出了核心关系的总体作用方向。例如，三类活动时间分配决策之间的关系在图 3.1 中没有具体的表示。此外，如图 3.1 所示，在活动和出行这两类大决策之间被指定了一种双向的作用关系，也就是说，除了传统的活动参与决定出行需求这一关系外，本章还要探讨它们之间是否存在反向的作用关系。

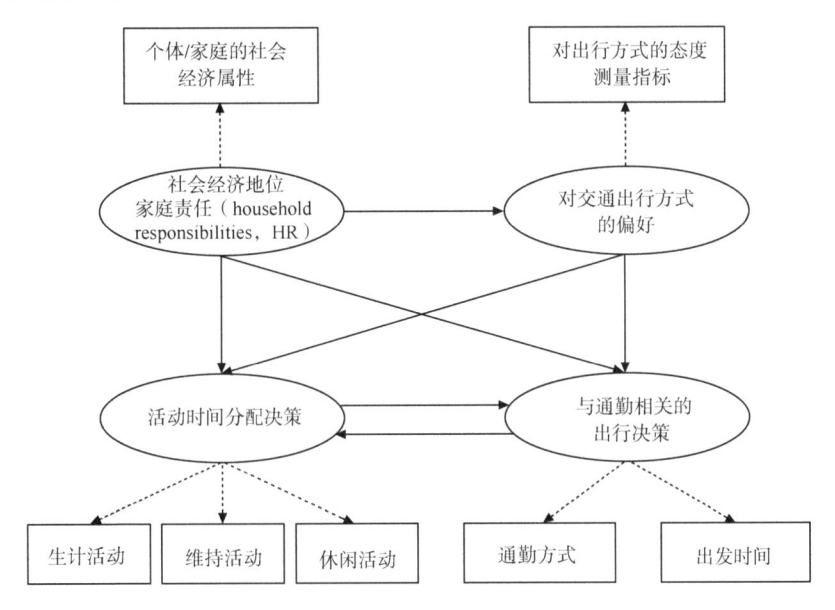

图 3.1 模型的理论框架

3.2.4 模型方法

在分析大量决策变量间的复杂作用关系方面，SEM 具有很高的灵活性，它主要包括结构方程组和测量方程组两部分，如下所示。

结构方程组：
$$\eta = B\eta + \Gamma X + \xi \quad (3.1)$$

测量方程组：
$$Y = \Lambda \eta + \varepsilon \quad (3.2)$$

其中，η 为由所有外生和内生潜变量组成的列向量；X 为外生变量；系数矩阵 B 为潜变量之间的作用关系；系数矩阵 Γ 为外生解释变量 X 对潜变量的影响程度；ξ 为随机误差项；Y 为由因变量组成的列向量，可包括测量指标或行为决策变量；Λ 为因子载荷矩阵；ε 为 Y 的测量误差。

SEM 的估计方法较为成熟，基于协方差分析，寻找最优的参数估计值，使得数据变量的协方差矩阵与从模型估计得到的协方差矩阵之间的差异最小[122]。假定从模型估计得到的协方差矩阵 Σ 可以表示为未知参数 θ 的函数 $\Sigma(\theta)$[123]，即

$$\varSigma=\varSigma(\theta) \qquad (3.3)$$

而所有样本变量 Y、X 的方差-协方差矩阵如下所示[124]：

$$S = \begin{bmatrix} S_{YY} & S_{YX} \\ S_{YX} & S_{XX} \end{bmatrix} \qquad (3.4)$$

其中，S_{YY} 为因变量间的方差-协方差矩阵；S_{YX} 为因变量和解释变量间的协方差矩阵；S_{XX} 为解释变量间的方差-协方差矩阵。进而，从模型估计得到的协方差矩阵如式（3.5）所示[125]：

$$\varSigma = \begin{bmatrix} \varSigma_{YY} & \varSigma_{YX} \\ \varSigma_{YX} & \varSigma_{XX} \end{bmatrix} \qquad (3.5)$$

其中，$\varSigma_{YY}=\varLambda\varOmega\varLambda+\varTheta_{\varepsilon}$；$\varSigma_{YX}\varSigma_{XX}^{-1}=\varLambda(I-B)^{-1}\varGamma$；$\varOmega$ 为潜变量 η 的协方差矩阵；$\varTheta_{\varepsilon}$ 为测量误差项 ε 的协方差矩阵，此处为对角矩阵[32]。而最终的参数估计值就是通过最小化 $\varSigma$ 和 S 之间的差距得到。

一直以来，最大似然（maximum likelihood, ML）法被用来估计 SEM，该方法适用的前提条件是建模变量严格服从正态分布。然而由于该 SEM 的因变量中包含离散型变量，如通勤方式和出发时间这两个 0-1 变量以及态度指标因子等有序变量，违背了 ML 方法的假定。在这种情况下，采用 LISREL 软件，并建立一个两阶段的估计方法来处理非正态分布的情况。传统的 ML 方法计算连续变量的皮尔逊相关系数，然而对于离散型变量，分类相关和有序相关系数更加适合，因此首先采用 PRELIS 模块对变量间的相关系数进行计算；在此相关系数矩阵的基础上，以渐进协方差矩阵的逆矩阵作为权重矩阵，采用 WLS 进行参数估计[126, 127]。Bollen[128]指出，WLS 法对非正态分布的数据具有鲁棒性，即使对于离散型的数据变量，也能够得到无偏、连续的参数估计值以及 χ^2 统计量。

3.3 模型估计结果与分析

3.3.1 模型表达式

根据式（3.1）和式（3.2），将图 3.1 表示为具体的方程式，如式（3.6）～式（3.8）所示。其中，Pro-bus 表示偏好公交，Pro-car 表示偏好小汽车。

结构方程：

$$\begin{bmatrix} \text{SES} \\ \text{HR} \\ \text{Pro-bus} \\ \text{Pro-car} \\ U_{\text{Sub}} \\ U_{\text{Main}} \\ U_{\text{Rec}} \\ U_{\text{Mode}} \\ U_{\text{Depart}} \end{bmatrix} = \begin{bmatrix} 0 & 0 & 0 & 0 & 0 & 0 & 0 & 0 & 0 \\ 0 & 0 & 0 & 0 & 0 & 0 & 0 & 0 & 0 \\ \beta_{31} & \beta_{32} & 0 & 0 & 0 & 0 & 0 & 0 & 0 \\ \beta_{41} & \beta_{42} & 0 & 0 & 0 & 0 & 0 & 0 & 0 \\ \beta_{51} & 0 & 0 & \beta_{54} & 0 & 0 & 0 & 0 & 0 \\ 0 & \beta_{62} & 0 & \beta_{64} & 0 & 0 & 0 & 0 & 0 \\ \beta_{71} & 0 & \beta_{73} & 0 & \beta_{75} & \beta_{76} & 0 & 0 & 0 \\ \beta_{81} & 0 & \beta_{83} & \beta_{84} & \beta_{85} & 0 & 0 & 0 & 0 \\ \beta_{91} & \beta_{92} & 0 & \beta_{94} & 0 & 0 & 0 & \beta_{98} & 0 \end{bmatrix} \begin{bmatrix} \text{SES} \\ \text{HR} \\ \text{Pro-bus} \\ \text{Pro-car} \\ U_{\text{Sub}} \\ U_{\text{Main}} \\ U_{\text{Rec}} \\ U_{\text{Mode}} \\ U_{\text{Depart}} \end{bmatrix} + \begin{bmatrix} \xi_{\text{SES}} \\ \xi_{\text{HR}} \\ \xi_{\text{Pro-bus}} \\ \xi_{\text{Pro-car}} \\ \xi_{\text{Sub}} \\ \xi_{\text{Main}} \\ \xi_{\text{Rec}} \\ \xi_{\text{Mode}} \\ \xi_{\text{Depart}} \end{bmatrix} \quad (3.6)$$

外生潜变量测量方程：

$$\begin{bmatrix} \text{Inc} \\ \text{Sex} \\ \text{Edu} \\ \text{Car} \\ \text{Fsize} \\ \text{Child} \\ \text{Age} \end{bmatrix} = \begin{bmatrix} \lambda_{11} & 0 \\ \lambda_{21} & \lambda_{22} \\ \lambda_{31} & \lambda_{32} \\ \lambda_{41} & 0 \\ 0 & \lambda_{52} \\ 0 & \lambda_{62} \\ 0 & \lambda_{72} \end{bmatrix} \begin{bmatrix} \text{SES} \\ \text{HR} \end{bmatrix} + \begin{bmatrix} \varepsilon_{\text{Inc}} \\ \varepsilon_{\text{Sex}} \\ \varepsilon_{\text{Edu}} \\ \varepsilon_{\text{Car}} \\ \varepsilon_{\text{Fsize}} \\ \varepsilon_{\text{Child}} \\ \varepsilon_{\text{Age}} \end{bmatrix} \quad (3.7)$$

内生潜变量测量方程：

$$\begin{bmatrix} Y_1 \\ Y_2 \\ Y_3 \\ Y_4 \\ Y_5 \\ Y_6 \\ Y_7 \\ Y_8 \\ Y_9 \\ Y_{10} \\ \text{Sub} \\ \text{Main} \\ \text{Rec} \\ \text{Mode} \\ \text{Depart} \end{bmatrix} = \begin{bmatrix} \gamma_{11} & 0 & 0 & 0 & 0 & 0 & 0 \\ \gamma_{21} & 0 & 0 & 0 & 0 & 0 & 0 \\ \gamma_{31} & 0 & 0 & 0 & 0 & 0 & 0 \\ \gamma_{41} & 0 & 0 & 0 & 0 & 0 & 0 \\ \gamma_{51} & 0 & 0 & 0 & 0 & 0 & 0 \\ 0 & \gamma_{62} & 0 & 0 & 0 & 0 & 0 \\ 0 & \gamma_{72} & 0 & 0 & 0 & 0 & 0 \\ 0 & \gamma_{82} & 0 & 0 & 0 & 0 & 0 \\ 0 & \gamma_{92} & 0 & 0 & 0 & 0 & 0 \\ 0 & \gamma_{10\text{-}2} & 0 & 0 & 0 & 0 & 0 \\ 0 & 0 & \gamma_{11\text{-}3} & 0 & 0 & 0 & 0 \\ 0 & 0 & 0 & \gamma_{12\text{-}4} & 0 & 0 & 0 \\ 0 & 0 & 0 & 0 & \gamma_{13\text{-}5} & 0 & 0 \\ 0 & 0 & 0 & 0 & 0 & \gamma_{14\text{-}6} & 0 \\ 0 & 0 & 0 & 0 & 0 & 0 & \gamma_{15\text{-}7} \end{bmatrix} \begin{bmatrix} \text{Pro-bus} \\ \text{Pro-car} \\ U_{\text{Sub}} \\ U_{\text{Main}} \\ U_{\text{Rec}} \\ U_{\text{Mode}} \\ U_{\text{Depart}} \end{bmatrix} + \begin{bmatrix} \varepsilon_{Y_{11}} \\ \varepsilon_{Y_{21}} \\ \varepsilon_{Y_{31}} \\ \varepsilon_{Y_{41}} \\ \varepsilon_{Y_{51}} \\ \varepsilon_{Y_{12}} \\ \varepsilon_{Y_{22}} \\ \varepsilon_{Y_{32}} \\ \varepsilon_{Y_{42}} \\ \varepsilon_{Y_{52}} \\ \varepsilon_{\text{Sub}} \\ \varepsilon_{\text{Main}} \\ \varepsilon_{\text{Rec}} \\ \varepsilon_{\text{Mode}} \\ \varepsilon_{\text{Depart}} \end{bmatrix} \quad (3.8)$$

为了潜变量的测定和其比例尺度的确定，根据潜变量类型的不同采用三种不同的方式[129]。首先,对于两个外生的潜变量,即社会经济地位和家庭责任,它们方差均被限定为 1.0,即 Var(SES)=1.0,Var(HR)=1.0,此时所有可见的个体/家庭的属性指标在这两个因子上的载荷都可以被估计,这也是本章关注的一个焦点。其次,两个态度因子,即对公交和小汽车的偏好,每个均采用五个态度指标进行测定,分别为 $Y_1 \sim Y_5$ 和 $Y_6 \sim Y_{10}$,如表 3.3 所示,并且对应于它们的第一个指标 Y_1、Y_6 均被指定为基准指标,对应的因子载荷限定为 1.0,即 γ_{11}=1.0,γ_{62}=1.0。至于剩余的五个活动-出行选择决策的效用,它们中的每一个均只由一个可见的行为指标进行测定,所有的因子载荷都指定为 1.0,即 γ_{11-3}=1.0,γ_{12-4}=1.0,γ_{13-5}=1.0,γ_{14-6}=1.0,γ_{15-7}=1.0,相应误差项的方差为 $0^{[129]}$,即 $\text{Var}(\varepsilon_{\text{Sub}})$=0,$\text{Var}(\varepsilon_{\text{Main}})$=0,$\text{Var}(\varepsilon_{\text{Rec}})$=0,$\text{Var}(\varepsilon_{\text{Mode}})$=0,$\text{Var}(\varepsilon_{\text{Depart}})$=0。虽然仅由一个显性指标来测定活动和出行选择的效用,但这种方法在社会学研究中十分普遍[130]。

最终模型的确定是基于现有研究结果、现实合理性及一系列拟合优度指标[131-133],具体各指标以及临界值如表 3.4 所示。各项拟合优度指标的值均满足要求:①χ^2/df=3.37<5;②RMSEA=0.027<0.05;③GFI=0.99>0.95;④AGFI=0.99>0.90;⑤CFI=1.00>0.97;⑥NFI=1.00>0.95,表示该模型为变量间的协方差提供了一个很好的解释。

表 3.4 拟合优度指标及临界值

指标	临界值	
	可接受	好
χ^2/df	(2, 5]	[0, 2]
RMSEA	(0.05, 0.08]	[0, 0.05]
GFI	[0.90, 0.95)	[0.95, 1.00]
AGFI	[0.85, 0.90)	[0.90, 1.00]
CFI	[0.95, 0.97)	[0.97, 1.00]
NFI	[0.90, 0.95)	[0.95, 1.00]

注:χ^2/df(chi-square to the degree of freedom,卡方自由度比);RMSEA(root mean square error of approximation,近似误差均方根);GFI(goodness-of-fit index,拟合优度指数);AGFI(adjusted goodness-of-fit index,调整拟合优度指数); CFI(comparative fit index,比较拟合指数);NFI(normed fit index,赋范拟合指数)

3.3.2 测量方程结果分析

测量方程的估计结果如表 3.5 所示,给出了两个外生潜变量和七个内生潜变量的测定结果;上标"**"表示该估计参数在 $p \leq 0.01$ 的水平下显著。

表 3.5 测量方程的结果

潜变量		测量指标	因子载荷	t
外生潜变量	SES	收入	0.66**	25.49
		性别	0.44**	16.56
		学历	0.17**	9.17
		家庭小汽车拥有量/辆	1.03**	21.61
	HR	家庭人口数	0.59**	19.73
		家里是否有孩子	0.62**	22.89
		年龄	0.44**	13.40
		性别	0.12**	3.87
		学历	−0.41**	−16.71
内生潜变量	Pro-bus	您会下意识不加思考地选择公交方式出行	1.00	—
		选择公交出行已经成为您生活的一部分	1.19**	65.67
		公交是您最熟悉和最自在的出行方式	1.09**	70.61
		您以公交作为出行方式已经很久了	1.16**	61.94
		要您放弃公交出行是件很困难的事情	0.93**	45.98
	Pro-car	您会下意识不加思考地选择小汽车方式出行	1.00	—
		选择小汽车出行已经成为您生活的一部分	1.12**	78.08
		小汽车是您最熟悉和最自在的出行方式	1.09**	75.88
		您以小汽车作为出行方式已经很久了	1.08**	74.01
		要您放弃小汽车出行是件很困难的事情	0.98**	63.27
	Sub	生计活动的分配时间（连续变量）	1.00	—
	Main	维持活动的分配时间（连续变量）	1.00	—
	Rec	休闲活动的分配时间（连续变量）	1.00	—
	Mode	通勤方式：1=公交；0=小汽车	1.00	—
	Depart	出发时间：1=高峰时段（6:35～7:35）；0=非高峰时段	1.00	—

结果显示，拥有更多小汽车、更高收入水平以及更高学历水平的个体表示为具备更高的社会经济地位。正如预料的，相比于女性，男性有更高的社会经济地位，该结果可能与西方国家的情况存在一定程度的差异，可能是由于在中国，大量的中高级职位是由男性承担，这也意味着他们比女性的工资要高，然而女性将大量的时间用于照料整个家庭。第二个因子家庭责任由五个属性指标进行测定。以家里是否有孩子为例，来自有孩子家庭的个体表现出更大的责任，因为他/她要承担抚育孩子的义务。此外，随着家庭人口数和年龄的增加以及性别为男性，其

家庭责任也呈增加趋势。最后，教育程度越高，家庭责任越低，在某些地区可能完全相反，然而考虑到研究城市的实际情况，这种结果是十分合理的。在中国的中等城市如绍兴，具备高学历水平的个人，如研究生和博士生，甚至是本科生，往往比较年轻，他们很有可能跟父母同住或是刚刚毕业、结婚。相应地，他们没有太多的责任要承担。需要注意的是两个外生潜变量，即社会经济地位和家庭责任，它们并不是一般意义上的心理变量如态度和感知。在一定程度上，它们可以被认为是从大量属性指标中提取的复合性因子或变量，用来表示无法直接观测的一些潜在因素，如生活方式、社会经济地位。根据测量方程的结果，这两个外生潜变量具有很直观的现实意义。

对公交和小汽车的偏好这两个传统的潜变量（Pro-bus 和 Pro-car），均由五个态度指标进行测定，结果表示它们被很好地测定。

3.3.3 结构方程结果分析

结构方程的估计结果如表 3.6 所示，括号内的数值表示 t 统计量，上标"**"表示该估计参数在 $p\leqslant0.01$ 的水平下显著，"*"表示该估计参数在 $p\leqslant0.05$ 的水平下显著，"—"表示该参数在 $p\leqslant0.10$ 的水平下不显著。行变量表示解释变量，而列变量表示被解释变量。比如，在第三行和第三列的参数 0.04 表示家庭责任对 Pro-car 因子的作用，即 HR→Pro-car。

表 3.6　结构方程估计结果

变量	Pro-bus	Pro-car	Sub	Main	Rec	Mode	Depart
SES	−0.31** (−18.31)	0.25** (13.34)	0.27** (5.35)	—	−0.05** (−2.62)	−0.29** (−4.16)	−0.15** (−3.58)
HR	−0.05** (−2.67)	0.04* (2.55)	—	0.11** (3.62)	—	—	−0.17** (−6.68)
Pro-bus	—	—	—	—	−0.13** (−3.90)	0.40** (10.44)	—
Pro-car	—	—	−0.78** (−6.74)	0.69** (5.96)	—	−0.82** (−5.06)	−0.29** (−7.59)
Sub	—	—	—	—	−0.40** (−6.30)	−0.50** (−3.79)	—
Main	—	—	—	—	−0.09 (−1.75)	—	—
Rec	—	—	—	—	—	—	—
Mode	—	—	—	0.44** (4.75)	—	—	−0.29** (−5.15)
Depart	—	—	—	—	—	—	—

表 3.6 中变量的具体含义在表 3.5 中已经标注过。对社会经济地位和家庭责任相关性统计检验结果显示，二者相关系数为 0.10，t 统计量的值为 4.86，表示这两个外生潜变量对其他内生变量可能存在一定的共性作用。在下面的分析中，将详细讨论变量间的结构关系。

1. 两个交通出行方式特定的态度因子

两个背景因子，即社会经济地位和家庭责任都被证实对因子 Pro-bus 产生消极影响。可能是由于具备更高地位和责任的个体通常正处于人生的稳定阶段，他们有满意的工作、收入和家庭生活，这也从侧面反映了家庭责任和个人社会经济地位间的正相关关系。由于相比于小汽车，公交的乘坐感受并不是特别舒适和方便，因此这类人群不太可能喜好公交，尤其是当他们想要与家庭其他成员一同出行的时候，这种方式的劣势更加明显。

相对地，具备更高社会经济地位和家庭责任的个体对小汽车有更强烈的偏好倾向。一方面，小汽车的拥有通常被看成是一种地位的象征；另一方面，小汽车能够提供更多的私人空间、方便性、舒适性和灵活性。

2. 三个活动时间分配变量

对于三个活动时间分配决策的估计结果，不同活动类型间的优先次序得到证实。生计活动和维持活动对休闲活动的负作用表示出了它们之前的权衡模式，将更多的时间分配在前两种活动上，阻碍了对其他活动的参与。虽然模型结果并没有证明生计活动对维持活动的直接负作用，但该关系可以通过其他结果推测到。首先，生计活动和维持活动这两个因子的误差项的协方差为负；其次，生计活动对休闲活动的负作用要明显强于维持活动产生的负作用，这两个方面都证实了与其他两类活动相比，生计活动的优先级别最高。总结一下，就是由于时间资源的有限性，工作的个体倾向于把他们大部分的时间用于工作，而仅有少量的时间用于完成其他活动。

因子 Pro-car 对维持活动的持续时间有正面的影响，而对生计活动的持续时间产生负作用，一方面，可能是由于对小汽车有明显偏好倾向的个体有充足的时间和经济能力来参加非工作活动。另一方面，个体对公交的偏好越强烈，他们分配在休闲活动上的时间越少。而需要承担更大家庭责任的个体会用更多的时间来参加维持活动。

3. 两个与通勤相关的出行决策

个体的社会经济地位越高，他们选择公交作为通勤方式的可能性越低，即在表 3.6 第二行第七列的参数 -0.29^{**} 表示了社会经济地位对通勤方式选择的结构作用，然而家庭责任对通勤方式没有直接的影响。两个交通方式特定的偏好因子，即 Pro-bus 和 Pro-car，其对通勤出行方式的影响在模型结果中得到直观体现。具体而言，对小汽车的偏好会降低公交作为通勤方式的概率，而该方式则更可能被具有高公交偏好倾向的通勤者所选择。这些结果证实了出行者的方式选择受到态度的影响。

很明显地，通勤者的社会经济地位越高、家庭责任越大，他/她更可能在非高峰时段出发上班，可能是由于他们需要在途中完成一些与家庭相关的琐事。采用公交作为通勤方式的出行者倾向于在非高峰时段出发上班，这可以从三个方面进行解释。首先，对于那些在高峰时段之前出发的通勤者，他们可能住得离工作单位比较远，乘坐公交上班要花费较长的时间，为了准时到达，他们不得不早些离家。其次，那些在高峰时段之后出发的人，他们的住址可能离单位很近，采用公交上下班相当方便。最后，可能这两类通勤者都想避开高峰时段的交通拥挤，以免被堵在路上。

4. 活动时间和出行决策的作用关系

至于活动和出行决策行为间的作用关系，该模型不仅证实了部分之前研究的结果，而且得到了一些新的发现。作为引致需求，通勤方式的选择受到生计活动所分配时间的影响，也就是说，生计活动持续时间越长，选择公交作为通勤方式的可能性越低，这可能是由于公交的不方便性，如既定的运营时间表、固定线路和公交站位置。一旦通勤方式被确定，对其他非工作活动的参与决策会受到其影响。模型结果显示，与选择小汽车上下班的通勤者相比，选择公交作为通勤方式的个体会花费更多的时间参加维持活动；此外，对公交有更强偏好的通勤者倾向于减少休闲活动的时间。

为了对以上的结果，包括个体态度因子对选择决策的影响关系以及活动和出行选择间的交互作用，提供一个更加直观的认识，对这两类作用关系进行图形化表示。其中图 3.2 为各决策之间的作用关系，图 3.3 为不可见的偏好异质性的

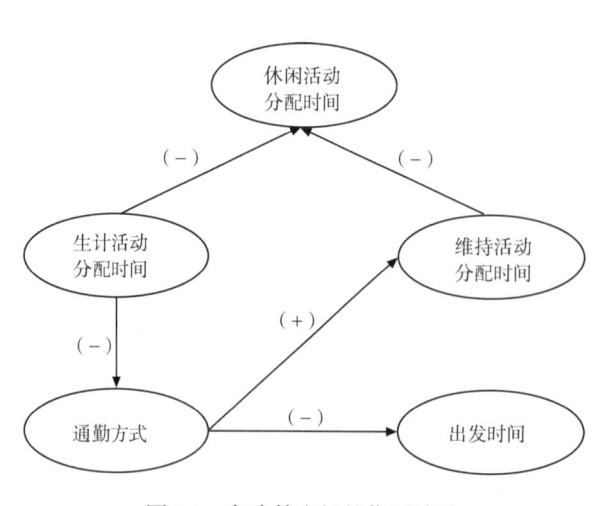

图 3.2 各决策之间的作用关系

心理因素对五个活动-出行决策维度的影响，并具体表明了各变量间是正的促进关系，还是负的抑制作用。

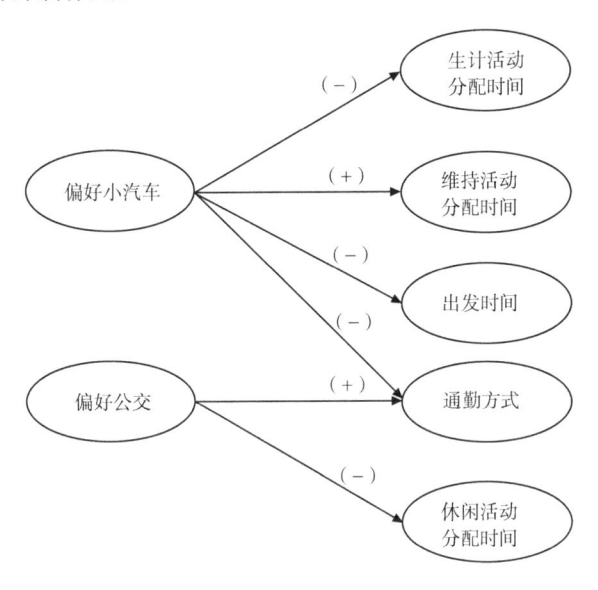

图 3.3　心理偏好对决策行为的影响

3.4　本章小结

如本章开头所讲到的一样，无论是从实际还是理论的角度出发，复杂的活动-出行行为体系都是很重要的。本章构架了一个集成的 SEM 架构，通过它来同时考虑多个活动和出行选择决策维度，包括生计活动、维持活动和休闲活动这三类活动时间的分配决策，以及通勤方式和出发时间这两项与通勤相关的出行决策。此外，同时从可见和不可见的偏好异质性这两个角度对选择决策进行解释，即通过个体/家庭的社会经济属性特征构建了社会经济地位和家庭责任这两个背景因素，对小汽车和公交的态度作为潜变量被考虑来反映不可见的个体偏好异质性。在这些基础上，活动-出行决策的复杂行为模式得到了充分的探究和认识。

首先，多维活动-出行选择决策间的相互作用关系被确定，证实了将各行为维度视为"bundle"的必要性[118]。通勤方式的选择以及休闲活动的分配时间明显取决于生计活动的持续时间。通勤方式在一定程度上影响了维持活动的持续时间，这与 Sakano 和 Benjamin 的结果相一致[47]。由于时间资源的有限性，个体倾向于按照生计活动—维持活动—休闲活动这个优先次序来安排他们的日活动。

其次，本章的模型并没有直接将可见的个体/家庭的社会经济属性特征作为解释变量，而是通过它们构建了两个背景因子，即社会经济地位和家庭责任。有理由认为拥有更多小汽车、学历更高和收入水平更高的个体的社会经济地位更高，来自有孩子家庭的男性承担的家庭责任越高。此外，社会经济地位越高、家庭责任越大，个体对私家车的偏好倾向越高，这两个背景因子对活动-出行决策也有显著影响。

最后，两个对交通出行方式偏好的态度因子也被发现影响关注的五类决策行为，证实了通过考虑态度和感知等潜在心理因素确实能够增强模型的行为表示能力，有助于认识在"黑箱"下的决策过程。

对活动-出行决策体系的深入探讨能够为交通需求管理政策提供一定的建议。比如，考虑到通勤方式和出发时间之间的关系，本章的结果可以用于缓解高峰时段的交通拥挤；而通勤方式对维持活动和休闲活动的影响可以用于指导新公交车站、购物中心或超级市场的选址决策。

第 4 章　集成潜变量的通勤出行方式建模

4.1　引　　言

第 3 章中采用 SEM 分析了表示个体异质性的心理潜变量在连续的时间分配决策以及离散的出行决策中的作用。尽管 SEM 能够在一定程度上处理离散决策变量的问题，然而离散选择模型被认为能够有效地对离散变量进行定量分析，尤其是决策变量存在多个备选方案的情况。作为对传统离散选择模型的延伸，ICLV 模型将与个体的态度、感知和偏好等相关的潜变量纳入离散选择模型，与可见变量比如选择项特征和个人属性一同对个体的决策行为进行解释，增强了对决策过程的行为表征和解释能力。本章首先采用仿真数据对 ICLV 模型的三种估计方法进行对比，评价每一种方法的参数估计能力；其次建立 ICLV 模型来探讨个体出行者通勤出行方式选择的影响因素，分析个体出行者的心理因素变量如何将异质性体现在建模过程中，增强模型的行为解释能力。

4.2　模型构建与仿真数据的生成

4.2.1　研究背景

作为对标准离散选择模型的扩展，ICLV 模型是混合选择模型的一种[9]，它将与个体的态度、偏好、感知等心理因素相关的潜变量加入离散选择模型，与可见的选择项特征和个体属性一同对决策行为进行解释。然而到目前为止，大部分的 ICLV 模型都以多项 logit 模型为核心。虽然这种方式很简单，但如第 2 章所论述的，多项 logit 模型无法对个体行为进行非常真实的表示[134]，误差项独立同分布的假设导致一些不合逻辑的性质。比如，任意两个选择肢的被选概率之比同其他选择无关，严重限制了此类模型的灵活性[18]。与之相对的，多项 probit 模型允许相互关联的误差项的存在，从而选择项之间可以有一定的相关性。因此，基于多项 probit 的 ICLV 模型对各种现实问题的灵活性更强。虽然 ICLV 在理论上被认为有助于决策行为的分析[61, 135, 136]，但它的实际应用却受到模型估计过程困难的阻碍[137, 138]。

到目前为止，学者提出了不同的方法来估计 ICLV 模型，可以被概括为两类，即序列估计法和同时估计法。在序列估计法下，首先通过结构方程构建潜变量，其次将其作为离散选择模型的已知变量；序列估计法简单易操作，之前大量的研究都是采用这种方法[139]。然而，由该方法估计得到的参数可能具有不一致性和无效性[40]。同时估计法则对潜变量模型和离散选择模型进行同时处理，目前较常用的两种同时估计法主要包括 MSL-GHK 法[140-143]和 MACML 法[137]。首先将采用三种方法对基于多项 probit 的 ICLV 模型进行估计，对比它们在仿真数据的基础上，正确估计既定参数的能力。它们之间的对比是基于对仿真数据的估计结果，采用仿真数据的主要原因就是可以掌控真实的数据生成过程。尽管之前有过类似的研究，如 Raveau 等[144]证实与序列估计法相比，同时估计法能够得到更小的标准差，支持了估计参数的有效性；然而，所有相关的研究都是面向基于多项 logit 的 ICLV 模型，并且 MACML 法作为同时估计法的新类别，其对 ICLV 模型的估计能力还从未与其他方法进行对比。

4.2.2 ICLV 模型框架

ICLV 模型包括两个子模型，即潜变量模型和离散选择模型[10, 57]，该模型的框架如图 4.1 所示。

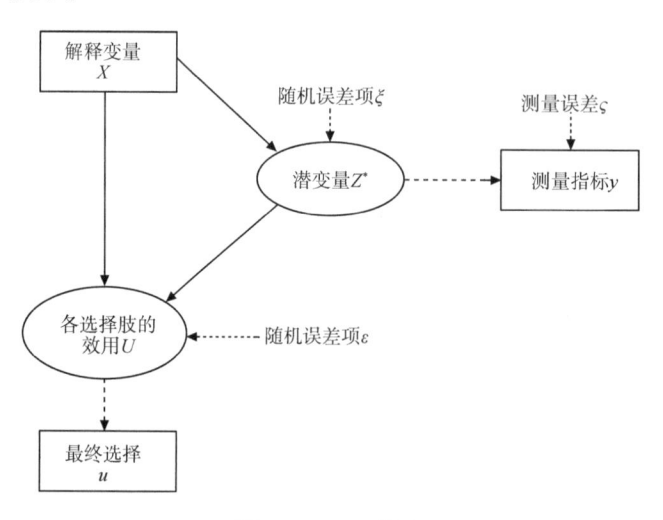

图 4.1 ICLV 模型

潜变量模型由潜变量结构方程和潜变量测量方程构成，前者用可见的外生变量来解释潜变量,而后者是通过一组指标来衡量潜变量。离散选择模型在构建函数的过程中同时考虑潜变量和可见变量,即离散选择模型结构方程;由于选择项的效用是不可见的,由最终决定的选择作为决策制定过程的衡量指标,即离散选择模型测量方程。下面将给出以上所涉及方程的矩阵形式,其中决策制定者的标识 n 被省略。

潜变量结构方程:

$$z^* = \gamma w + \xi, \quad \xi \sim N(0, \Gamma) \tag{4.1}$$

其中,z^* 为 $(L \times 1)$ 维的列向量,表示潜变量;w 为 $(K \times 1)$ 维的列向量,即可见的解释变量;γ 为 $(L \times K)$ 维的系数矩阵,表示解释变量对潜变量的作用;随机误差项 ξ 被假定为正态分布,其相关系数矩阵为 Γ。

潜变量测量方程:

$$y = \alpha + dz^* + \varsigma, \quad \varsigma \sim N(0, \Sigma) \tag{4.2}$$

其中,y 为 $(M \times 1)$ 维的指标向量,它包含 G 个为连续变量的指标 y'($g = 1, 2, \cdots, G$),以及 H 个为顺序变量的指标 $\tilde{y}$($h = 1, 2, \cdots, H$);α 为 $(M \times 1)$ 维的常数列向量;d 为 $(M \times L)$ 的因子载荷矩阵,表示各因子在对应潜变量上的载荷;正态分布的随机误差项 ς,其协方差矩阵 Σ 为对角矩阵,对应于指标 $\tilde{y}$ 的对角元素值为 $1^{[137]}$。

此外,第 h 个顺序指标 $\tilde{y}_h$ 的得分值为 j_h。在此,假定所有的顺序指标都具备相同数量的类别 J,也就是说 $j_h \in \{1, 2, \cdots, J\}$。对应于 $\tilde{y}_h$ 的潜在响应值表示为 $\tilde{y}_h^*$,与有序响应模型相似,顺序变量与其潜在响应值的关系如式(4.3)所示,其中 $\tau_{h,0} = -\infty$,$\tau_{h,1} = 0$,$\tau_{h,J} = +\infty$。

$$\tilde{y}_h = \begin{cases} 1, & \tau_{h,0} < \tilde{y}_h^* \leqslant \tau_{h,1} \\ 2, & \tau_{h,1} < \tilde{y}_h^* \leqslant \tau_{h,2} \\ \vdots & \vdots \\ J, & \tau_{h,J-1} < \tilde{y}_h^* < \tau_{h,J} \end{cases} \tag{4.3}$$

离散选择模型结构方程:

$$U = \beta x + \lambda z^* + \varepsilon, \quad \varepsilon \sim N(0, \Lambda) \tag{4.4}$$

其中,U 为分别对应于决策者 n 所面对的 C_n 项选择的 $(C_n \times 1)$ 维的效用向量;x 为 $(P \times 1)$ 维的可见解释变量;β 为对应于可见变量 x 的 $(C_n \times P)$ 维的系数矩阵;λ 为对应于潜变量 z^* 的 $(C_n \times L)$ 的系数矩阵。目前基本所有的 ICLV 模型都是建立在多项 logit 模型的基础上,尽管这种方式很简便,但是它对个体行为的解释并不十分确切[145]。多项 logit 模型假定误差项是独立同分布的,这会导致一些不合逻辑性质的产生，如独立于无关的选择，并限制了模型的灵活性[145]。相对地，多项 probit 模型通过随机误差项间的协方差来考虑选择项的相关关系，基于多项 probit 的 ICLV 模型对于实际应用分析更为灵活。因此，本章中的 ICLV 模型以多项 probit 为基础，即随机误差项 ε 服从多元正态分布，其协方差矩阵为 Λ。

离散选择模型测量方程：

$$u_{in} = \begin{cases} 1, & U_{in} \geq U_{jn}, \ \forall j \in C_n, \ j \neq i \\ 0, & \text{其他} \end{cases} \quad (4.5)$$

其中，u_{in} 为决策者 n 在第 i 个选择上的决定，当 u_{in} 的值为 1 时，决策者选择了 i，当 u_{in} 的值为 0 时，表示 i 没有被选择；C_n 为决策者 n 所面对的可行选择集。

似然函数如式（4.6）所示，其中 θ 是由所有待估参数组成的向量。

$$L(\theta) = \prod_{n=1}^{N} \prod_{i=1}^{C_n} P_n(u_{in}, y \mid x, w, \theta)^{u_{in}} \quad (4.6)$$

由于潜变量 z^* 的值是不可直接得到的，决策者 n 各选择项以及测量指标的联合概率需要在潜变量 z^* 的取值域内进行积分，并且潜变量 z^* 的确定依赖于可见的外生变量 w。

$$P_n(u_{in}, y \mid x, w, \theta) = \int_{R_{z^*}} P_u(u_{in} \mid x, z^*, \beta, \lambda, \Lambda) \times f_y(y \mid z^*, \alpha, d, \Sigma) \times f_{z^*}(z^* \mid w; \gamma, \Gamma) \mathrm{d}z^*$$

$$(4.7)$$

其中，$P_u(\cdot)$ 为选择项 i 被选中的概率；概率密度函数 $f_y(\cdot)$ 对应于式（4.2）中潜变量的测量指标 y；$f_{z^*}(\cdot)$ 为式（4.1）中潜变量 z^* 的概率密度函数；R_{z^*} 为潜变量 z^* 的取值范围[144,146]，在该范围内进行积分得到最终的综合联合概率。之前的 ICLV 模型研究指出，由于假定离散选择模型的随机误差项服从正态分布，以及潜变量所导致的多维积分[146]，似然函数中的联合概率没有闭合形式。

需要指出的是：①在潜变量结构方程和离散选择模型结构方程中均使用了可见的解释变量，但它们的表示符号不同，分别为 w 和 x，也就是说，在模型应用过程中，用于解释潜变量和选择项效用的可见变量可能是有差别的；②对应于潜变量的相关矩阵 Γ 为非对角矩阵，表示允许潜变量之间存在相关关系，增加了模型的灵活性；③在以下的分析中，潜变量的测量指标同时包含连续型指标 y' 和有序型指标 $\tilde{y}$。

4.2.3 估计方法

下面将对三种估计方法进行介绍。

序列估计法被认为是最易操作的 ICLV 模型估计法，估计过程分为两步，将潜变量模型和离散选择模型间的交互关系人为分开。首先,对由式(4.1)和式(4.2)构成的潜变量模型进行估计,这也被称为多指标多起因(multiple indicator multiple cause, MIMC)模型,得到各潜变量的估计值。其次,将潜变量直接作为外生变量加入效用函数,与其他可见的外生变量,即式(4.4)中的 x 一同对选择行为做出解释。最后,采用模拟最大似然法对该离散选择模型进行估计。

而同时估计法则对式(4.6)中的似然函数进行最大化,该似然函数将潜变量作为随机变量,考虑其概率分布,而非取值已知的既定变量。作为同时估计法,MSL-GHK 法采用数值近似的方法来对概率函数进行仿真,其中,GHK 仿真器[18]从截断一维标准正态分布中获得随机数,接着采用 Choleskey 分解计算多维联合概率值。这里,潜变量 z^* 是基于 Halton(霍尔顿)序列,从其概率分布 f_{z^*} 中随机抽取。R 次随机抽取后,根据每次所得到的潜变量的取值 z^{*r} 计算式(4.7)中概率函数 $P_n(u_i,y|x,w,\theta)^{u_i}$ 的期望均值 $\tilde{P}_n(u_i,y|x,w,\theta)^{u_i}$,并用 $\tilde{P}_n(u_i,y|x,w,\theta)^{u_i}$ 作为 $P_n(u_i,y|x,w,\theta)^{u_i}$ 的近似值,如式(4.8)所示。

$$\tilde{P}_n(u_i,y|x,w,\theta)^{u_i} = \frac{1}{R}\sum_{r=1}^{R} P_u(u_i|x,z^{*r},\beta,\lambda,\Lambda) f_y(y|z^{*r},\alpha,d,\Sigma) \quad (4.8)$$

第二种同时估计法是 MACML 法,它采用解析法对似然函数进行估计。该方法不是直接对似然函数中的高维积分进行仿真,而是构建了一个低维的似然函数进行替代,如式(4.9)所示。其中对应于顺序指标和选择结果的高维积分被分解为两部分概率的乘积,对应于每一个选择结果和每个顺序指标的成对联合概率——式(4.9)右侧第二部分,以及两两顺序指标的成对联合概率——式(4.9)右侧第三部分。因此,式(4.9)表示为成对复合边际似然函数。

$$L_{\text{CML}}(\theta) = f_G(y') \times \left(\prod_{h=1}^{H} P(i=m, j_h=n_h)\right) \times \left(\prod_{h=1}^{H-1}\prod_{h'=h+1}^{H} P(j_h=n_h, j_{h'}=n_{h'})\right) \quad (4.9)$$

其中,$f_G(y')$ 为连续型指标的概率密度函数;i 为选择项标识;H 为模型中有序型指标 $\tilde{y}$ 的数量;j_h 为第 h 个有序型指标的结果标识;n_h 为第 h 个有序型指标的最终得分。

4.2.4 仿真数据的生成

将模型应用于某一特定数据集可能会产生一些极端的结论,为了避免这种结果,采用仿真数据来检验以上三种估计 ICLV 模型的方法,以保证对比结果的普适性。构建一个包含三个可行选择项的虚拟场景,并据此生成多条样本数据。需要指出的是此仿真实验的主要目的是仿真数据的生成,而非再现真实的选择场景。

因此，关于选择项、测量指标以及潜变量的含义不会进行具体的解释，仅给出一些直观的例子。

用于生成仿真数据的 ICLV 模型的理论框架如图 4.2 所示。在图 4.2 中，椭圆表示包括潜在心理变量和选择项效用在内的不可见构念，方形表示可见的外生解释变量以及潜变量的测量指标；从方形指向椭圆形的实线表示结构关系，而从椭圆指向方形的虚线则表示测量作用。该框架以及其后的模型公式均建立在大量 ICLV 模型的应用研究之上，它们包含一定的现实含义。下面将具体介绍用于仿真数据生成的模型标定，相关标识的含义与 4.2.2 节保持一致。

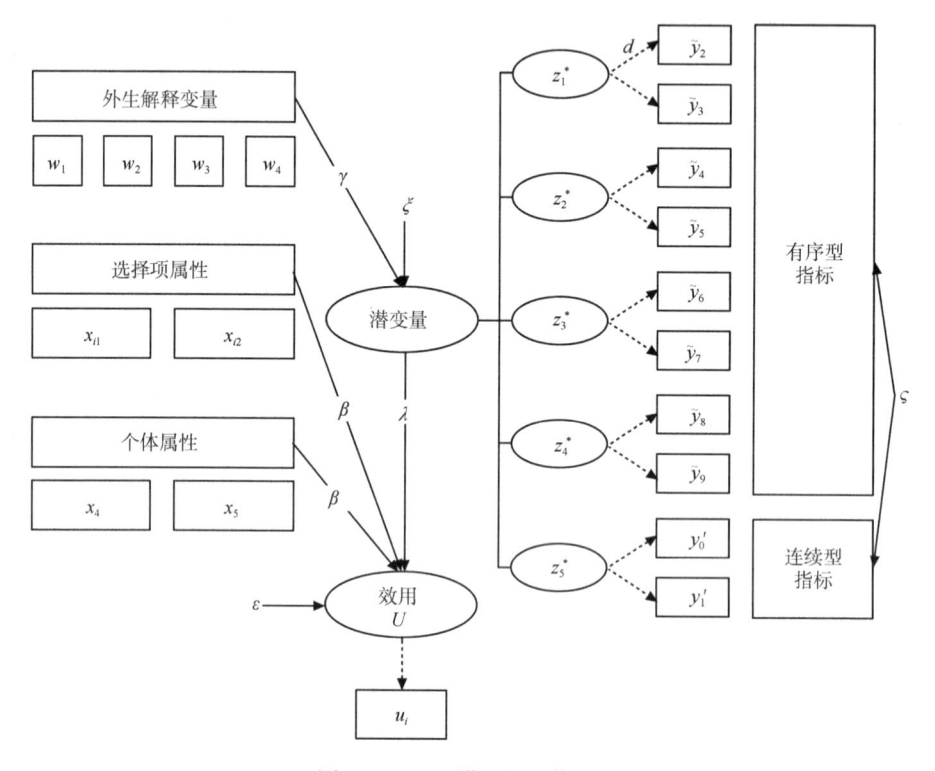

图 4.2 ICLV 模型的整体框架

在潜变量结构方程中，考虑五个潜变量 $z_1^* \sim z_5^*$，它们受到四个外生个体属性因素 w_1、w_2、w_3 和 w_4 的影响，系数矩阵 γ 中的非零元素标定为 $\gamma_1=0.4$，$\gamma_2=0.6$，$\gamma_3=0.8$，$\gamma_4=0.5$，$\gamma_5=0.5$，$\gamma_6=0.1$，$\gamma_7=-0.6$，$\gamma_8=0.5$，$\gamma_9=-0.6$，$\gamma_{10}=-0.4$，$\gamma_{11}=0.8$。例如，系数 γ_2 表示第二个可见外生变量 w_2 对第一个潜变量 z_1^* 的结构作用关系，正如学历水平更高的个体可能具备更强的环保意识。

$$\begin{bmatrix} z_1^* \\ z_2^* \\ z_3^* \\ z_4^* \\ z_5^* \end{bmatrix} = \begin{bmatrix} \gamma_1 & \gamma_2 & \gamma_3 & \gamma_4 \\ 0 & \gamma_5 & \gamma_6 & \gamma_7 \\ \gamma_8 & 0 & 0 & \gamma_9 \\ 0 & \gamma_{10} & 0 & 0 \\ 0 & 0 & \gamma_{11} & 0 \end{bmatrix} \begin{bmatrix} w_1 \\ w_2 \\ w_3 \\ w_4 \end{bmatrix} + \begin{bmatrix} \xi_1 \\ \xi_2 \\ \xi_3 \\ \xi_4 \\ \xi_5 \end{bmatrix} \quad (4.10)$$

在潜变量测量方程中，指定 10 个指标对 $z_1^* \sim z_5^*$ 这五个潜变量进行衡量。其中，y_0' 和 y_1' 是连续型指标，用来衡量潜变量 z_5^*；至于剩下的四个潜变量，用有序型指标 $\tilde{y}_2 \sim \tilde{y}_9$ 进行测量，它们对应的潜在响应变量分别为 $\tilde{y}_2^* \sim \tilde{y}_9^*$。对应于连续型指标的两个常数项 α_0 和 α_1 的值设为 1，而有序型指标的常数项 $\alpha_2 \sim \alpha_9$ 的值为 –1。因子载荷被初始化为 d_0=–0.5，d_1=0.8，d_2=1.6，d_3=1.3，d_4=0.4，d_5=0.9，d_6=0.5，d_7=0.6，d_8=0.7，d_9=0.2。

$$\begin{bmatrix} y_0' \\ y_1' \\ \tilde{y}_2^* \\ \tilde{y}_3^* \\ \tilde{y}_4^* \\ \tilde{y}_5^* \\ \tilde{y}_6^* \\ \tilde{y}_7^* \\ \tilde{y}_8^* \\ \tilde{y}_9^* \end{bmatrix} = \begin{bmatrix} \alpha_0 \\ \alpha_1 \\ \alpha_2 \\ \alpha_3 \\ \alpha_4 \\ \alpha_5 \\ \alpha_6 \\ \alpha_7 \\ \alpha_8 \\ \alpha_9 \end{bmatrix} + \begin{bmatrix} 0 & 0 & 0 & 0 & d_0 \\ 0 & 0 & 0 & 0 & d_1 \\ d_2 & 0 & 0 & 0 & 0 \\ d_3 & 0 & 0 & 0 & 0 \\ 0 & d_4 & 0 & 0 & 0 \\ 0 & d_5 & 0 & 0 & 0 \\ 0 & 0 & d_6 & 0 & 0 \\ 0 & 0 & d_7 & 0 & 0 \\ 0 & 0 & 0 & d_8 & 0 \\ 0 & 0 & 0 & d_9 & 0 \end{bmatrix} \begin{bmatrix} z_1^* \\ z_2^* \\ z_3^* \\ z_4^* \\ z_5^* \end{bmatrix} + \begin{bmatrix} \varsigma_0 \\ \varsigma_1 \\ \varsigma_2 \\ \varsigma_3 \\ \varsigma_4 \\ \varsigma_5 \\ \varsigma_6 \\ \varsigma_7 \\ \varsigma_8 \\ \varsigma_9 \end{bmatrix} \quad (4.11)$$

为简便起见，假定所有的有序型指标都采用三点量表进行度量，也就是说 $J=3$，有序型指标的标定如式（4.12）所示。

$$\tilde{y}_h = \begin{cases} 1, & \tau_{h,0} < \tilde{y}_h^* \leqslant \tau_{h,1} \\ 2, & \tau_{h,1} < \tilde{y}_h^* \leqslant \tau_{h,2} \\ 3, & \tau_{h,2} < \tilde{y}_h^* < \tau_{h,3} \end{cases} \quad (4.12)$$

根据式（4.3）可知，$\tau_{h,0} = -\infty$，$\tau_{h,1} = 0$，$\tau_{h,3} = +\infty$。因此，对于每一个有序型指标 $\tilde{y}_h$，只需要估计一个阈值 $\tau_{h,2}$。在此假定所有待估参数 $\tau_{h,2}$ 的值均为 1.5，在实际应用中，种类 J 以及阈值 $\tau_{h,2}$ 在各有序型指标间是可以不同的。

离散选择模型结构方程标定如下：

$$\begin{bmatrix} U_1 \\ U_2 \\ U_3 \end{bmatrix} = \begin{bmatrix} 0 & 0 & x_{11} & x_{12} & 0 & 0 & 0 & 0 \\ 1 & 0 & x_{21} & x_{22} & x_4 & x_5 & 0 & 0 \\ 0 & 1 & x_{31} & x_{32} & 0 & 0 & x_4 & x_5 \end{bmatrix} \begin{bmatrix} \beta_{20} \\ \beta_{30} \\ \beta_1 \\ \beta_2 \\ \beta_{21} \\ \beta_{22} \\ \beta_{31} \\ \beta_{32} \end{bmatrix} + \begin{bmatrix} 0 & 0 & 0 & 0 & 0 \\ \lambda_1 & \lambda_2 & \lambda_3 & \lambda_4 & \lambda_5 \\ \lambda_6 & \lambda_7 & \lambda_8 & \lambda_9 & \lambda_{10} \end{bmatrix} \begin{bmatrix} z_1^* \\ z_2^* \\ z_3^* \\ z_4^* \\ z_5^* \end{bmatrix} + \begin{bmatrix} \varepsilon_1 \\ \varepsilon_2 \\ \varepsilon_3 \end{bmatrix}$$

(4.13)

其中第一个选择项被选定为基准项，对应于可见变量 x 的系数被设定为 β_{20}=-0.5，β_{30}=-1.0，β_1=-0.6，β_2=-0.2，β_{21}=0.8，β_{22}=0.5，β_{31}=0.5，β_{32}=0.2；对应于潜变量 z^* 的系数被设定为 λ_1=0.1，λ_2=0.3，λ_3=0.2，λ_4=0.2，λ_5=-0.5，λ_6=0.5，λ_7=0.2，λ_8=-0.1，λ_9=1.0，λ_{10}=0.7。离散选择模型结构方程中同时考虑了可见的外生变量和潜变量对决策行为的影响。可见的外生变量 x 包括两个选择项特征 x_{i1} 和 x_{i2}，如出行方式选择中的出行时间和出行成本，以及两项个体属性变量 x_4 和 x_5，如性别和小汽车拥有量。需要注意的是，x_4 和 x_5 这两项个体属性变量仅出现在两个选择项的效用函数中；在三个选择的效用函数中，对应于选择项属性特征的参数被设定为相等。随机误差项 ε 服从正态分布，因此该离散选择模型为多项 probit。

潜变量结构方程中随机误差项 ξ 的相关系数矩阵、潜变量测量方程中随机误差项 ς 的协方差矩阵 Σ 以及离散选择模型结构方程中随机误差项 ε 的协方差矩阵为正定矩阵。为保证它们的正定特性，采用 Choleskey 分解对它们进行标定。

$$\mathrm{Corr}(\xi) = \Gamma = \begin{bmatrix} 1 & 0.8 & 0 & 0 & 0 \\ 0.8 & 1 & 0 & 0 & 0 \\ 0 & 0 & 1 & 0.6 & 0 \\ 0 & 0 & 0.6 & 1 & 0.64 \\ 0 & 0 & 0 & 0.64 & 1 \end{bmatrix}$$

$$= L_\Gamma L_\Gamma' = \begin{bmatrix} 1 & 0 & 0 & 0 & 0 \\ 0.8 & 0.6 & 0 & 0 & 0 \\ 0 & 0 & 1 & 0 & 0 \\ 0 & 0 & 0.6 & 0.8 & 0 \\ 0 & 0 & 0 & 0.8 & 0.6 \end{bmatrix} \begin{bmatrix} 1 & 0.8 & 0 & 0 & 0 \\ 0 & 0.6 & 0 & 0 & 0 \\ 0 & 0 & 1 & 0.6 & 0 \\ 0 & 0 & 0 & 0.8 & 0.8 \\ 0 & 0 & 0 & 0 & 0.6 \end{bmatrix} \quad (4.14)$$

$$\mathrm{Var}(\varepsilon_i - \varepsilon_1) = \breve{\Lambda} = \begin{bmatrix} 1 & 0.8 \\ 0.8 & 0.64 \end{bmatrix} = L_{\breve{\Lambda}} L_{\breve{\Lambda}}' = \begin{bmatrix} 1 & 0 \\ 0.8 & 1 \end{bmatrix} \begin{bmatrix} 1 & 0.8 \\ 0 & 1 \end{bmatrix}, \ i=2,3 \quad (4.15)$$

在此，给出非对角元素的一些解释，使模型的构建更加直观。对于非零的非对角元素，相关系数矩阵第二行第一列的系数 0.8 表示潜变量 z_1^* 与 z_2^* 之间存在正相关关系，相关系数为 0.8。比如，有理由相信，与环保意识比较弱的个体相比，具备较强环保意识的个体更倾向于选择步行或自行车等可持续的交通方式。而为零的非对角元素则表示对应的两个潜变量是相互独立的。

至此，基于多项 probit 的 ICLV 模型的标定过程已经完成。接下来，将介绍仿真数据的生成过程。式（4.10）中第一个可见的外生变量 w_1 以及式（4.13）中选择项特定的特征变量 x_{11}、x_{12}、x_{21}、x_{22}、x_{31}、x_{32} 均为假定为连续变量，它们的值从标准正态分布中随机抽取获得。式（4.10）中余下的三个外生解释变量 w_2、w_3、w_4，以及式（4.13）中两项个体属性变量 x_4 和 x_5，被假定为哑元变量。具体而言，从区间[0,1]的均匀分布中取随机数值，如果数值小于 0.5，该变量的值被指定为 0，否则，其值为 1。此外，为了验证样本容量的大小是否影响估计结果，考虑了样本容量分别为 250、500、1000 和 2000 的情况。对于每一种情况，分别生成 20 个数据集，这 20 个数据集中可见变量的值保持不变，而误差项为随机变量，据此产生不同的选择结果和测量指标值。以下估计结果的对比，均是针对每一种样本容量情况下 20 个数据集对应估计参数的平均值。

4.3　估计结果评价及对比

4.3.1　评价指标

样本容量分别为 250、500、1000 和 2000 时，各方式的估计结果如表 4.1～表 4.4 所示。首先对表中所列内容进行解释，表中前两列表示参数和它们的真实值，其次分别给出三种方式所得参数估计结果以及评价指标。对于每一种估计方式，采用四类统计指标进行评价。

（1）"Est" 表示参数估计结果，通过计算 20 个数据集对应参数估计结果的平均值得到。

（2）"APB" 即绝对百分比（absolute percentage value），用来评价参数估计结果与其真实值的偏差。

$$\text{APB} = \left| \frac{\text{估计结果的均值} - \text{真实值}}{\text{真实值}} \right| \times 100\% \quad (4.16)$$

（3）"St.Err" 即标准差（standard error），通过计算 20 个数据集对应参数估计标准差的平均值得到。

（4）"t"被用来确定参数估计值与它们的真实值之间是否存在统计差异。

$$t = \frac{\text{估计结果} - \text{真实值}}{\text{标准差}} \quad (4.17)$$

在之前的相关研究中，上述统计量已被证实能够有效评价参数估计结果的有效性和一致性。

表 4.1 样本容量为 250 时 ICLV 模型的估计结果

参数	真实值	序列估计法				同时估计法 MSL-GHK 法				MACML 法			
		Est	APB	St.Err	t	Est	APB	St.Err	t	Est	APB	St.Err	t
γ_1	0.40	0.44	9.25%	0.02	2.32	0.42	4.28%	0.02	0.70	0.42	6.02%	0.02	0.98
γ_2	0.60	0.71	18.56%	0.02	5.82	0.68	12.72%	0.03	2.18	0.70	16.02%	0.03	2.76
γ_3	0.80	0.85	6.55%	0.02	2.63	0.81	0.64%	0.04	0.12	0.82	2.85%	0.04	0.56
γ_4	0.50	0.45	9.78%	0.02	−2.64	0.45	10.19%	0.03	−1.85	0.44	12.69%	0.03	−2.35
γ_5	0.50	0.62	23.44%	0.11	1.08	0.68	36.56%	0.28	0.64	0.69	37.82%	0.29	0.65
γ_6	0.10	0.14	37.55%	0.05	0.77	0.09	7.81%	0.09	−0.09	0.12	20.89%	0.10	0.22
γ_7	−0.60	−0.67	11.02%	0.12	−0.56	−0.74	24.11%	0.31	−0.47	−0.78	30.52%	0.33	−0.56
γ_8	0.50	0.51	1.22%	0.18	0.03	0.66	31.74%	0.62	0.25	0.60	20.81%	0.48	0.22
γ_9	−0.60	−0.65	8.26%	0.18	−0.28	−0.68	14.00%	0.63	−0.13	−0.58	3.31%	0.38	0.05
γ_{10}	−0.40	−0.42	3.84%	0.04	−0.35	−0.45	12.11%	0.07	−0.65	−0.46	16.04%	0.08	−0.84
γ_{11}	0.80	0.87	9.05%	0.14	0.51	0.95	18.15%	0.13	1.16	0.90	12.66%	0.12	0.84
α_0	1.00	1.00	0.04%	0.08	0.00	1.02	1.55%	0.09	0.18	1.01	1.20%	0.09	0.14
α_1	1.00	0.96	3.73%	0.10	−0.39	0.93	6.84%	0.10	−0.70	0.94	5.83%	0.10	−0.59
α_2	−1.00	−1.08	7.65%	0.09	−0.83	−1.38	38.37%	0.71	−0.54	−1.56	55.82%	0.90	−0.62
α_3	−1.00	−1.25	25.34%	0.09	−2.71	−1.65	65.48%	0.79	−0.83	−1.61	61.24%	0.60	−1.01
α_4	−1.00	−1.00	0.39%	0.03	−0.12	−1.11	10.55%	0.08	−1.37	−1.09	9.41%	0.07	−1.31
α_5	−1.00	−1.18	17.62%	0.16	−1.08	−1.19	19.32%	0.45	−0.43	−1.20	20.05%	0.44	−0.45
α_6	−1.00	−1.13	13.31%	0.47	−0.28	−1.23	23.45%	0.63	−0.37	−1.24	23.64%	0.64	−0.37
α_7	−1.00	−1.05	5.35%	0.09	−0.63	−1.16	16.25%	0.28	−0.59	−1.17	16.78%	0.30	−0.56
α_8	−1.00	−1.03	2.59%	0.05	−0.51	−1.14	14.44%	0.10	−1.45	−1.14	14.02%	0.10	−1.39
α_9	−1.00	−1.11	10.60%	0.11	−0.96	−1.27	27.12%	1.09	−0.25	−1.18	17.58%	0.61	−0.29
d_0	−0.50	−0.48	3.36%	0.08	0.21	−0.50	0.60%	0.07	−0.04	−0.51	2.34%	0.07	−0.17
d_1	0.80	0.83	3.66%	0.10	0.29	0.80	0.12%	0.08	−0.01	0.80	0.57%	0.08	0.05
d_2	1.60	1.64	2.68%	0.10	0.42	1.93	20.66%	1.19	0.28	2.14	33.47%	1.46	0.37
d_3	1.30	1.47	12.95%	0.09	1.87	1.80	38.73%	0.95	0.53	1.72	32.57%	0.71	0.60
d_4	0.40	0.40	0.83%	0.07	−0.05	0.43	6.72%	0.18	0.15	0.41	2.61%	0.17	0.06
d_5	0.90	1.07	18.61%	0.28	0.61	0.86	4.36%	0.77	−0.05	0.86	4.47%	0.76	−0.05
d_6	0.50	0.66	31.25%	0.59	0.26	0.55	9.13%	0.77	0.06	0.56	12.30%	0.78	0.08

续表

参数	真实值	序列估计法				同时估计法							
						MSL-GHK 法				MACML 法			
		Est	APB	St.Err	t	Est	APB	St.Err	t	Est	APB	St.Err	t
d_7	0.60	0.64	7.04%	0.16	0.27	0.59	1.47%	0.48	−0.02	0.61	2.49%	0.49	0.03
d_8	0.70	0.76	8.59%	0.09	0.65	0.77	9.40%	0.17	0.38	0.77	10.24%	0.18	0.41
d_9	1.20	1.35	12.22%	0.20	0.72	1.42	18.14%	1.79	0.12	1.26	4.95%	0.95	0.06
β_{20}	−0.50	−0.91	81.43%	0.45	−0.90	−0.74	48.30%	0.23	−1.06	−0.80	60.33%	0.35	−0.87
β_{30}	−1.00	−0.48	51.93%	0.50	1.03	−1.32	32.21%	0.51	−0.63	−1.43	42.72%	0.69	−0.62
β_1	−0.60	−0.78	29.84%	0.18	−1.00	−0.75	25.77%	0.24	−0.66	−0.82	35.90%	0.40	−0.54
β_2	−0.20	−0.23	16.73%	0.11	−0.30	−0.22	8.95%	0.06	−0.29	−0.25	24.06%	0.14	−0.35
β_{21}	0.80	1.10	37.48%	0.33	0.90	1.03	28.51%	0.30	0.77	1.06	32.44%	0.42	0.61
β_{22}	0.50	0.68	36.55%	0.31	0.59	0.63	26.61%	0.19	0.71	0.70	40.60%	0.36	0.56
β_{31}	0.50	0.59	18.06%	0.46	0.20	0.46	8.12%	0.16	−0.25	0.48	4.07%	0.24	−0.08
β_{32}	0.20	0.43	117.41%	0.47	0.50	0.33	64.43%	0.18	0.73	0.31	53.14%	0.15	0.69
λ_1	0.10	0.23	126.83%	0.19	0.68	0.10	1.42%	0.15	−0.01	0.11	14.04%	0.17	0.08
λ_2	0.30	0.13	55.36%	0.17	−0.99	0.33	10.92%	0.27	0.12	0.32	8.13%	0.29	0.07
λ_3	0.20	0.19	6.63%	0.16	−0.08	0.14	30.14%	0.30	−0.20	0.20	1.48%	0.39	−0.01
λ_4	0.20	0.03	85.23%	0.23	−0.74	0.16	21.41%	0.44	−0.10	0.24	22.27%	0.63	0.07
λ_5	−0.50	0.24	148.47%	0.21	3.51	−0.57	14.97%	0.31	−0.24	−0.78	55.91%	0.76	−0.37
λ_6	0.50	0.89	78.08%	0.38	1.04	0.80	60.22%	0.38	0.80	0.91	82.15%	0.60	0.69
λ_7	0.20	0.14	28.22%	0.24	−0.24	0.32	57.53%	0.37	0.31	0.25	26.91%	0.35	0.16
λ_8	−0.10	0.05	150.60%	0.24	0.63	−0.03	70.59%	0.38	0.19	−0.03	65.26%	0.35	0.19
λ_9	1.00	0.83	17.33%	0.38	−0.46	1.51	50.97%	0.86	0.60	1.55	55.13%	1.04	0.53
λ_{10}	0.70	−0.81	215.87%	0.47	−3.21	0.82	17.16%	0.37	0.32	0.82	17.44%	0.41	0.30
偏差均值		—	33.23%	0.19	—	—	22.11%	0.38	—	—	23.53%	0.39	—

表 4.2　样本容量为 500 时 ICLV 模型的估计结果

参数	真实值	序列估计法				同时估计法							
						MSL-GHK 法				MACML 法			
		Est	APB	St.Err	t	Est	APB	St.Err	t	Est	APB	St.Err	t
γ_1	0.40	0.41	2.26%	0.01	0.95	0.41	2.65%	0.02	0.68	0.41	3.12%	0.02	0.81
γ_2	0.60	0.57	4.65%	0.01	−2.28	0.58	4.01%	0.02	−1.17	0.58	2.98%	0.02	−0.87
γ_3	0.80	0.82	3.01%	0.01	1.87	0.82	2.17%	0.03	0.64	0.82	2.59%	0.03	0.77
γ_4	0.50	0.48	4.79%	0.01	−1.96	0.46	7.07%	0.02	−1.94	0.46	7.83%	0.02	−2.18
γ_5	0.50	0.49	1.51%	0.05	−0.16	0.52	3.71%	0.10	0.18	0.53	5.99%	0.11	0.27
γ_6	0.10	0.06	42.37%	0.03	−1.69	0.07	33.19%	0.03	−0.96	0.08	20.25%	0.04	−0.54
γ_7	−0.60	−0.57	4.42%	0.05	0.56	−0.58	3.87%	0.11	0.21	−0.58	3.69%	0.11	0.20

续表

参数	真实值	序列估计法				同时估计法							
						MSL-GHK法				MACML法			
		Est	APB	St.Err	t	Est	APB	St.Err	t	Est	APB	St.Err	t
γ_8	0.50	0.44	12.20%	0.06	−1.03	0.46	7.10%	0.11	−0.32	0.48	4.11%	0.11	−0.18
γ_9	−0.60	−0.64	5.86%	0.10	−0.37	−0.67	11.29%	0.18	−0.38	−0.68	12.55%	0.17	−0.43
γ_{10}	−0.40	−0.41	2.05%	0.02	−0.36	−0.39	1.44%	0.04	0.16	−0.41	2.53%	0.04	−0.26
γ_{11}	0.80	0.81	1.11%	0.09	0.10	0.86	7.78%	0.07	0.87	0.86	7.88%	0.07	0.88
α_0	1.00	0.99	0.61%	0.06	−0.11	1.01	1.44%	0.06	0.26	1.02	1.59%	0.06	0.28
α_1	1.00	0.99	0.98%	0.07	−0.15	0.98	2.48%	0.07	−0.38	0.98	2.48%	0.07	−0.38
α_2	−1.00	−0.88	11.69%	0.05	2.27	−1.06	6.47%	0.10	−0.62	−1.10	9.74%	0.11	−0.86
α_3	−1.00	−1.03	3.13%	0.05	−0.60	−1.24	24.32%	0.11	−2.24	−1.24	24.07%	0.11	−2.23
α_4	−1.00	−1.02	1.63%	0.02	−0.74	−1.10	10.26%	0.04	−2.80	−1.10	10.25%	0.04	−2.81
α_5	−1.00	−1.08	8.24%	0.09	−0.96	−1.17	16.80%	0.21	−0.81	−1.16	16.28%	0.20	−0.81
α_6	−1.00	−1.02	1.77%	0.04	−0.40	−1.11	10.78%	0.08	−1.42	−1.11	11.18%	0.08	−1.45
α_7	−1.00	−1.06	5.74%	0.06	−0.98	−1.11	10.62%	0.10	−1.09	−1.10	10.18%	0.09	−1.13
α_8	−1.00	−0.97	2.63%	0.03	0.96	−1.07	6.86%	0.05	−1.45	−1.06	6.21%	0.05	−1.34
α_9	−1.00	−1.12	11.85%	0.07	−1.62	−1.24	24.44%	0.23	−1.05	−1.20	20.49%	0.21	−0.97
d_0	−0.50	−0.51	2.79%	0.05	−0.26	−0.52	3.03%	0.04	−0.35	−0.51	1.78%	0.04	−0.21
d_1	0.80	0.84	4.94%	0.06	0.63	0.82	2.55%	0.05	0.40	0.82	2.38%	0.05	0.38
d_2	1.60	1.48	7.27%	0.06	−1.98	1.48	7.26%	0.17	−0.70	1.52	4.99%	0.18	−0.45
d_3	1.30	1.37	5.20%	0.05	1.23	1.41	8.81%	0.15	0.75	1.41	8.71%	0.15	0.75
d_4	0.40	0.43	6.27%	0.05	0.54	0.41	3.18%	0.09	0.15	0.41	1.37%	0.09	0.06
d_5	0.90	1.07	18.37%	0.15	1.07	0.97	7.46%	0.36	0.19	0.94	4.60%	0.35	0.12
d_6	0.50	0.57	13.32%	0.09	0.74	0.54	7.07%	0.15	0.23	0.54	7.39%	0.15	0.24
d_7	0.60	0.70	17.44%	0.11	0.93	0.61	1.02%	0.19	0.03	0.59	1.98%	0.18	−0.07
d_8	0.70	0.70	0.65%	0.05	0.09	0.71	2.00%	0.09	0.16	0.69	0.88%	0.09	−0.07
d_9	1.20	1.46	21.75%	0.13	2.06	1.43	19.08%	0.39	0.59	1.37	14.29%	0.36	0.48
β_{20}	−0.50	−0.88	75.55%	0.31	−1.21	−0.66	32.59%	0.13	−1.26	−0.66	32.88%	0.11	−1.47
β_{30}	−1.00	−0.38	61.75%	0.34	1.81	−1.24	24.11%	0.30	−0.81	−1.23	22.78%	0.25	−0.91
β_1	−0.60	−0.80	33.58%	0.13	−1.61	−0.81	35.78%	0.18	−1.18	−0.78	30.58%	0.15	−1.25
β_2	−0.20	−0.23	16.69%	0.08	−0.42	−0.25	24.82%	0.06	−0.90	−0.24	20.41%	0.05	−0.90
β_{21}	0.80	1.07	33.68%	0.23	1.17	1.04	30.01%	0.22	1.09	1.00	25.08%	0.18	1.11
β_{22}	0.50	0.61	21.82%	0.22	0.50	0.60	20.67%	0.14	0.76	0.58	15.72%	0.11	0.71
β_{31}	0.50	0.67	34.05%	0.33	0.51	0.61	22.08%	0.14	0.77	0.58	16.77%	0.12	0.69
β_{32}	0.20	0.27	37.20%	0.31	0.24	0.31	56.12%	0.08	1.41	0.30	50.39%	0.07	1.43
λ_1	0.10	0.20	104.67%	0.13	0.83	0.17	73.10%	0.11	0.66	0.15	50.01%	0.10	0.52
λ_2	0.30	0.16	47.99%	0.12	−1.23	0.39	29.23%	0.22	0.40	0.36	18.94%	0.19	0.29

续表

参数	真实值	序列估计法				同时估计法							
						MSL-GHK 法				MACML 法			
		Est	APB	St.Err	t	Est	APB	St.Err	t	Est	APB	St.Err	t
λ_3	0.20	0.25	24.36%	0.12	0.42	0.34	70.29%	0.16	0.90	0.32	60.82%	0.14	0.87
λ_4	0.20	0.02	90.47%	0.16	−1.12	0.28	38.14%	0.30	0.25	0.22	9.84%	0.26	0.08
λ_5	−0.50	0.35	170.09%	0.16	5.33	−0.69	37.61%	0.25	−0.77	−0.66	31.45%	0.21	−0.75
λ_6	0.50	0.79	58.84%	0.23	1.28	0.85	69.65%	0.24	1.46	0.80	59.60%	0.19	1.53
λ_7	0.20	0.13	33.23%	0.16	−0.42	0.38	90.06%	0.22	0.82	0.35	74.78%	0.20	0.76
λ_8	−0.10	0.12	220.09%	0.16	1.36	−0.16	55.85%	0.16	−0.35	−0.16	60.46%	0.15	−0.41
λ_9	1.00	0.81	18.64%	0.25	−0.74	1.73	73.36%	0.58	1.26	1.60	60.13%	0.48	1.24
λ_{10}	0.70	−0.89	227.17%	0.33	−4.76	0.84	19.57%	0.23	0.59	0.83	18.69%	0.20	0.64
偏差均值	—	—	31.44%	0.11	—	—	21.70%	0.15	—	—	18.24%	0.13	—

表 4.3　样本容量为 1000 时 ICLV 模型的估计结果

参数	真实值	序列估计法				同时估计法							
						MSL-GHK 法				MACML 法			
		Est	APB	St.Err	t	Est	APB	St.Err	t	Est	APB	St.Err	t
γ_1	0.40	0.42	4.79%	0.01	3.03	0.41	3.46%	0.01	1.41	0.41	3.50%	0.01	1.43
γ_2	0.60	0.59	2.44%	0.01	−1.74	0.58	2.93%	0.01	−1.30	0.58	3.02%	0.01	−1.35
γ_3	0.80	0.80	0.28%	0.01	0.25	0.79	0.81%	0.02	−0.38	0.79	0.95%	0.02	−0.44
γ_4	0.50	0.49	2.78%	0.01	−1.67	0.48	3.40%	0.01	−1.40	0.48	3.47%	0.01	−1.43
γ_5	0.50	0.49	1.21%	0.03	−0.19	0.51	1.62%	0.06	0.13	0.52	3.32%	0.07	0.25
γ_6	0.10	0.11	8.03%	0.02	0.46	0.11	10.53%	0.02	0.47	0.11	9.95%	0.02	0.43
γ_7	−0.60	−0.56	6.34%	0.03	1.11	−0.56	6.90%	0.07	0.61	−0.57	5.35%	0.07	0.45
γ_8	0.50	0.49	1.96%	0.04	−0.24	0.50	0.96%	0.07	0.07	0.51	1.13%	0.07	0.08
γ_9	−0.60	−0.57	4.98%	0.05	0.62	−0.59	2.46%	0.08	0.18	−0.59	2.31%	0.08	0.17
γ_{10}	−0.40	−0.42	4.58%	0.02	−1.15	−0.39	2.80%	0.02	0.49	−0.40	0.98%	0.02	0.16
γ_{11}	0.80	0.79	0.91%	0.06	−0.13	0.83	3.60%	0.04	0.64	0.83	4.03%	0.05	0.71
α_0	1.00	0.99	0.85%	0.04	−0.22	1.00	0.11%	0.04	−0.03	1.00	0.01%	0.04	0.00
α_1	1.00	0.99	1.17%	0.04	−0.27	0.98	1.62%	0.04	−0.37	0.98	1.76%	0.04	−0.40
α_2	−1.00	−1.03	3.17%	0.04	−0.77	−1.25	25.12%	0.09	−2.75	−1.25	24.78%	0.09	−2.74
α_3	−1.00	−1.03	3.46%	0.04	−0.96	−1.22	21.59%	0.06	−3.56	−1.22	21.56%	0.06	−3.55
α_4	−1.00	−1.01	1.08%	0.02	−0.71	−1.10	10.16%	0.02	−4.27	−1.10	9.85%	0.02	−4.14
α_5	−1.00	−1.10	10.19%	0.06	−1.74	−1.21	21.42%	0.15	−1.43	−1.18	18.46%	0.14	−1.35
α_6	−1.00	−1.03	2.85%	0.03	−1.11	−1.11	10.51%	0.04	−2.62	−1.11	10.53%	0.04	−2.62
α_7	−1.00	−1.05	5.26%	0.04	−1.48	−1.12	12.23%	0.06	−2.13	−1.12	12.24%	0.06	−2.12
α_8	−1.00	−0.98	1.61%	0.02	0.85	−1.10	9.53%	0.03	−2.89	−1.09	8.82%	0.03	−2.68

续表

参数	真实值	序列估计法				同时估计法							
						MSL-GHK 法				MACML 法			
		Est	APB	St.Err	t	Est	APB	St.Err	t	Est	APB	St.Err	t
α_9	−1.00	−1.08	8.04%	0.05	−1.74	−1.23	22.76%	0.14	−1.59	−1.19	18.66%	0.13	−1.47
d_0	−0.50	−0.50	0.84%	0.04	0.11	−0.50	0.70%	0.03	0.13	−0.50	0.68%	0.03	0.12
d_1	0.80	0.83	3.94%	0.04	0.72	0.80	0.52%	0.03	0.13	0.80	0.56%	0.03	0.14
d_2	1.60	1.63	1.89%	0.05	0.66	1.67	4.08%	0.14	0.47	1.66	3.98%	0.14	0.46
d_3	1.30	1.33	2.00%	0.04	0.69	1.35	3.51%	0.08	0.55	1.35	3.67%	0.08	0.58
d_4	0.40	0.42	4.36%	0.03	0.55	0.42	4.28%	0.06	0.31	0.41	2.44%	0.06	0.17
d_5	0.90	1.03	14.96%	0.10	1.30	1.00	10.82%	0.24	0.40	0.95	5.85%	0.23	0.23
d_6	0.50	0.54	7.92%	0.05	0.76	0.51	2.05%	0.08	0.12	0.51	1.88%	0.08	0.11
d_7	0.60	0.66	9.39%	0.07	0.83	0.61	1.70%	0.11	0.09	0.61	1.53%	0.11	0.08
d_8	0.70	0.72	2.66%	0.03	0.57	0.74	5.39%	0.06	0.65	0.73	3.80%	0.06	0.45
d_9	1.20	1.38	14.73%	0.08	2.19	1.38	14.89%	0.23	0.78	1.32	9.63%	0.21	0.56
β_{20}	−0.50	−0.74	47.17%	0.22	−1.08	−0.56	11.46%	0.08	−0.76	−0.55	10.68%	0.06	−0.90
β_{30}	−1.00	−0.36	63.90%	0.23	2.75	−1.08	8.00%	0.19	−0.43	−1.06	6.43%	0.15	−0.43
β_1	−0.60	−0.75	25.35%	0.09	−1.76	−0.78	29.29%	0.14	−1.25	−0.73	21.40%	0.10	−1.31
β_2	−0.20	−0.24	19.22%	0.06	−0.70	−0.25	22.73%	0.04	−1.03	−0.23	15.26%	0.03	−0.98
β_{21}	0.80	1.04	30.49%	0.15	1.58	1.06	32.64%	0.19	1.37	0.99	24.24%	0.13	1.45
β_{22}	0.50	0.63	25.15%	0.15	0.84	0.63	26.63%	0.10	1.30	0.59	18.94%	0.07	1.30
β_{31}	0.50	0.57	14.29%	0.22	0.32	0.59	18.75%	0.12	0.79	0.55	9.85%	0.09	0.58
β_{32}	0.20	0.27	32.63%	0.22	0.30	0.27	35.35%	0.05	1.32	0.25	25.07%	0.04	1.16
λ_1	0.10	0.24	144.97%	0.09	1.69	0.19	93.13%	0.07	1.25	0.16	57.02%	0.06	0.93
λ_2	0.30	0.22	26.02%	0.08	−0.96	0.54	78.80%	0.20	1.20	0.47	56.31%	0.15	1.10
λ_3	0.20	0.23	15.25%	0.08	0.38	0.37	83.09%	0.10	1.67	0.34	72.05%	0.08	1.76
λ_4	0.20	0.08	57.53%	0.11	−1.01	0.44	121.26%	0.24	1.01	0.34	68.36%	0.19	0.73
λ_5	−0.50	0.36	171.63%	0.11	7.82	−0.72	44.12%	0.21	−1.04	−0.65	30.98%	0.16	−0.96
λ_6	0.50	0.76	51.60%	0.16	1.62	0.82	64.31%	0.17	1.87	0.76	51.92%	0.13	1.97
λ_7	0.20	0.19	5.54%	0.11	−0.10	0.55	175.16%	0.20	1.75	0.48	138.48%	0.16	1.75
λ_8	−0.10	0.15	247.30%	0.11	2.18	−0.15	49.88%	0.11	−0.47	−0.15	49.96%	0.09	−0.56
λ_9	1.00	0.85	15.41%	0.18	−0.85	1.88	88.31%	0.47	1.86	1.67	67.50%	0.35	1.92
λ_{10}	0.70	−0.92	231.61%	0.23	−7.06	0.67	3.87%	0.14	−0.19	0.68	3.27%	0.12	−0.19
偏差均值		—	27.83%	0.08	—	—	24.68%	0.10	—	—	18.91%	0.09	—

表 4.4　样本容量为 2000 时 ICLV 模型的估计结果

参数	真实值	序列估计法				同时估计法							
						MSL-GHK 法				MACML 法			
		Est	APB	St.Err	t	Est	APB	St.Err	t	Est	APB	St.Err	t
γ_1	0.40	0.41	0.02%	0.00	1.55	0.40	0.44%	0.01	−0.26	0.40	0.34%	0.01	−0.20
γ_2	0.60	0.61	0.01%	0.01	1.21	0.60	0.02%	0.01	0.01	0.60	0.09%	0.01	−0.06
γ_3	0.80	0.79	0.01%	0.01	−1.05	0.79	1.53%	0.01	−1.02	0.79	1.72%	0.01	−1.15
γ_4	0.50	0.52	0.04%	0.01	3.48	0.52	3.39%	0.01	1.92	0.52	3.35%	0.01	1.91
γ_5	0.50	0.51	0.01%	0.02	0.27	0.53	5.03%	0.04	0.57	0.53	6.54%	0.05	0.71
γ_6	0.10	0.08	0.17%	0.01	−1.47	0.09	6.63%	0.01	−0.45	0.09	8.59%	0.01	−0.58
γ_7	−0.60	−0.57	0.05%	0.02	1.25	−0.58	2.86%	0.05	0.35	−0.59	1.36%	0.05	0.16
γ_8	0.50	0.48	0.04%	0.03	−0.71	0.50	0.78%	0.05	0.08	0.50	0.81%	0.05	0.09
γ_9	−0.60	−0.58	0.03%	0.03	0.66	−0.60	0.42%	0.06	0.05	−0.60	0.36%	0.06	0.04
γ_{10}	−0.40	−0.39	0.01%	0.01	0.48	−0.37	6.72%	0.02	1.77	−0.38	5.18%	0.02	1.30
γ_{11}	0.80	0.77	0.04%	0.04	−0.86	0.82	1.98%	0.03	0.49	0.82	2.97%	0.03	0.73
α_0	1.00	0.98	0.02%	0.03	−0.66	0.99	0.93%	0.03	−0.35	0.99	0.71%	0.03	−0.27
α_1	1.00	1.01	0.01%	0.03	0.19	1.00	0.20%	0.03	0.07	1.00	0.18%	0.03	−0.06
α_2	−1.00	−0.99	0.01%	0.03	0.34	−1.21	20.62%	0.06	−3.61	−1.20	20.34%	0.06	−3.58
α_3	−1.00	−1.04	0.04%	0.03	−1.56	−1.20	19.97%	0.04	−5.05	−1.21	20.70%	0.04	−5.17
α_4	−1.00	−1.01	0.01%	0.01	−0.59	−1.10	10.11%	0.02	−5.91	−1.10	9.77%	0.02	−5.74
α_5	−1.00	−1.07	0.07%	0.04	−1.77	−1.14	14.39%	0.08	−1.79	−1.13	12.63%	0.08	−1.65
α_6	−1.00	−1.02	0.02%	0.02	−1.18	−1.10	9.74%	0.03	−3.62	−1.10	9.64%	0.03	−3.60
α_7	−1.00	−1.05	0.05%	0.02	−2.02	−1.13	12.66%	0.04	−3.07	−1.13	12.80%	0.04	−3.07
α_8	−1.00	−1.00	0.00%	0.01	0.11	−1.10	9.99%	0.02	−4.50	−1.09	9.32%	0.02	−4.20
α_9	−1.00	−1.02	0.02%	0.03	−0.72	−1.19	18.59%	0.08	−2.45	−1.16	15.62%	0.07	−2.21
d_0	−0.50	−0.49	0.02%	0.03	0.32	−0.48	4.13%	0.02	1.08	−0.48	4.00%	0.02	1.04
d_1	0.80	0.82	0.02%	0.03	0.62	0.78	2.46%	0.02	−0.86	0.78	2.37%	0.02	−0.82
d_2	1.60	1.56	0.03%	0.03	−1.35	1.60	0.04%	0.09	0.01	1.60	0.04%	0.09	−0.01
d_3	1.30	1.31	0.01%	0.03	0.47	1.32	1.16%	0.05	0.28	1.32	1.80%	0.05	0.43
d_4	0.40	0.42	0.05%	0.02	0.97	0.42	4.61%	0.04	0.47	0.41	2.91%	0.04	0.29
d_5	0.90	1.01	0.12%	0.07	1.60	0.91	0.94%	0.14	0.06	0.88	2.11%	0.13	−0.14
d_6	0.50	0.54	0.08%	0.03	1.14	0.51	1.55%	0.06	0.14	0.51	1.20%	0.06	0.11
d_7	0.60	0.67	0.11%	0.05	1.48	0.63	4.24%	0.08	0.33	0.63	4.58%	0.08	0.35
d_8	0.70	0.70	0.00%	0.02	−0.04	0.72	2.25%	0.04	0.40	0.70	0.44%	0.04	0.08
d_9	1.20	1.24	0.04%	0.05	0.81	1.30	8.67%	0.13	0.80	1.25	4.36%	0.12	0.43
β_{20}	−0.50	−0.72	44.04%	0.15	−1.49	−0.50	0.02%	0.03	0.00	−0.49	1.06%	0.03	0.20
β_{30}	−1.00	−0.36	63.90%	0.16	4.04	−0.92	8.45%	0.07	1.16	−0.90	9.76%	0.06	1.67
β_1	−0.60	−0.78	29.24%	0.06	−2.88	−0.69	15.32%	0.05	−1.92	−0.66	9.34%	0.03	−1.73

续表

参数	真实值	序列估计法				同时估计法						
						MSL-GHK 法				MACML 法			
		Est	APB	St.Err	t	Est	APB	St.Err	t	Est	APB	St.Err	t
β_2	−0.20	−0.26	29.02%	0.04	−1.49	−0.23	16.18%	0.02	−1.98	−0.22	10.24%	0.01	−1.79
β_{21}	0.80	1.01	26.41%	0.11	1.96	0.91	13.56%	0.06	1.69	0.86	7.10%	0.04	1.31
β_{22}	0.50	0.61	21.45%	0.11	1.01	0.54	7.94%	0.04	0.99	0.51	2.01%	0.03	0.36
β_{31}	0.50	0.67	34.03%	0.16	1.09	0.61	22.07%	0.05	2.28	0.57	14.53%	0.03	2.14
β_{32}	0.20	0.27	34.49%	0.15	0.46	0.21	5.64%	0.02	0.46	0.20	1.81%	0.02	−0.18
λ_1	0.10	0.25	146.42%	0.06	2.46	0.21	113.70%	0.04	2.71	0.18	78.26%	0.03	2.33
λ_2	0.30	0.20	34.68%	0.06	−1.82	0.41	37.09%	0.08	1.35	0.35	17.32%	0.06	0.80
λ_3	0.20	0.22	8.27%	0.06	0.30	0.19	5.51%	0.03	−0.35	0.18	8.32%	0.03	−0.58
λ_4	0.20	0.05	74.96%	0.08	−1.90	0.44	120.85%	0.12	1.97	0.34	68.81%	0.10	1.42
λ_5	−0.50	0.26	152.64%	0.07	10.22	−0.65	29.82%	0.09	−1.58	−0.58	16.18%	0.07	−1.11
λ_6	0.50	0.74	47.45%	0.11	2.23	0.69	37.78%	0.07	2.60	0.62	24.58%	0.05	2.28
λ_7	0.20	0.16	21.48%	0.08	−0.54	0.42	111.36%	0.08	2.63	0.36	79.49%	0.07	2.32
λ_8	−0.10	0.14	238.84%	0.05	3.11	−0.15	50.78%	0.04	−1.13	−0.14	40.69%	0.04	−1.03
λ_9	1.00	0.82	18.06%	0.12	−1.49	1.57	57.09%	0.19	2.96	1.37	36.68%	0.14	2.56
λ_{10}	0.70	−0.69	199.15%	0.15	−9.26	0.57	19.18%	0.06	−2.22	0.60	14.62%	0.06	−1.83
偏差均值		—	25.01%	0.05	—	—	17.33%	0.05	—	—	12.40%	0.04	—

4.3.2 估计结果对比

首先对比参数估计值与它们的真实值，结果显示两类同时估计法得到的参数估计结果更加精确。根据序列估计法，对应于样本容量 250、500、1000 和 2000 情况下，平均 APB 分别为 33.23%、31.44%、27.83%和 25.01%；而根据最大似然估计 MSL-GHK 法，四类情况下平均 APB 分别为 22.11%、21.70%、24.68%和 17.33%；至于 MACML 法下，得到平均 APB 为 23.53%、18.24%、18.91%和 12.40%。显然，对于这三种方式，随着样本容量的增加，平均 APB 的值总体上均呈下降趋势。这种趋势在 MACML 法下更为明显，当样本容量为 2000 时，其平均 APB 仅是样本容量为 250 下的平均 APB 值的一半。此外，除了在样本容量为 250 时 MACML 所得平均 APB 稍高于 MSL-GHK 法，其他所有情况下，MACML 法所得的平均 APB 在三种估计方式中均为最小。对于每类样本容量，MSL-GHK 法得到的平均 APB 都小于序列估计法下的 APB。总结而言，两类同时估计法，即 MSL-GHK 法和 MACML 法均胜于序列估计法；进一步地，MACML 法的估计能力胜于 MSL-GHK 法，尤其是在样本容量较大的情况下。当样本容量为 1000 时，

MSL-GHK 法所得参数估计值的准确性比较差，可能是由于样本数据的变异性不足[147]，相比之下，MACML 法的稳健性更强。

根据统计量"t"，从另外一个角度评价参数估计值的准确性。该统计量检验了参数估计结果与其真实值在 95%的置信水平下是否相等，即对零假设进行检验。两类同时估计法明显优于序列估计法，证实了之前的结论，即序列估计法可能会产生不一致的参数估计值。具体而言，在序列估计法下，对应于潜变量的参数如 λ_5、λ_8 和 λ_{10}，它们的值与真实值间存在明显偏差，从一个方面证实了序列估计法的局限性。此外，当样本容量为 2000 时，MSL-GHK 法的估计结果非常差，在待估的 49 个参数中，15 个参数与它们的真实值间存在统计差异。比如，对应于潜变量对第三个选择项效用的作用系数的"t"值为 -9.26，表示该参数没有被准确估计。这种结果可以被解释为，只有当对每一条观察项随机抽取的次数高于样本中观察项数量的均值时，MSL-GHK 法才能得到满意的估计结果[148]。与序列估计法和 MSL-GHK 法相比，无论样本容量大小，MACML 法的估计结果都十分稳定，得到的参数估计值与真实值间无显著差异。

第三类评价这三种估计方式的统计量是标准差。如每个表中"St.Err"列以及最末一行"偏差均值"所示，随着样本容量的增加，这三种方式所得的所有参数的标准差的均值呈现下降趋势。具体而言，当样本容量为 250 时，序列估计法、MSL-GHK 法和 MACML 法所得的平均标准差分别为 0.19、0.38 和 0.39；当样本容量为 500 时，该统计量的值下降至 0.11、0.15 和 0.13；当样本容量增加到 1000 时，对应的平均标准差为 0.08、0.10 和 0.09；最后，样本容量为 2000 的情况下，该统计量的值继续降为 0.05、0.05 和 0.04。如预期的一样，序列估计法所得的标准差基本上总是最小的，这是由于两阶段倾向于较低地估计参数的标准差[149]。当样本容量大于 250 时，MACML 法所得的平均标准差略低于 MSL-GHK 法下该统计量的值，证实了 MACML 法的有效性。

最后，采用欧几里得距离[150]来评价参数估计结果与其真实值之间的接近程度：

$$D(\hat{\delta},\delta) = \sqrt{\sum (\hat{\delta}-\delta)(\hat{\delta}-\delta)} \qquad (4.18)$$

事实上，欧几里得距离进一步对比了三种估计方法所得参数估计值的精确性。由图 4.3 可见，无论样本容量多少，两类同时估计法所得的欧几里得距离比序列估计法要小得多。随着样本容量的增加，MACML 法下参数估计值和真实值间的欧几里得距离持续减小，并且基本都低于 MSL-GHK 法所得，除了样本容量为 250 的情况。此外，当样本容量从 500 增加至 1000 时，MSL-GHK 法所得欧几里得距离呈现明显的增加趋势，再一次证实了在通过正常收敛获得精确的参数估计上 MSL-GHK 法的局限性。因此，与序列估计法和 MSL-GHK 法相比，MACML 法获得的参数估计值具有最高的精确度，与真实值的差异最小。

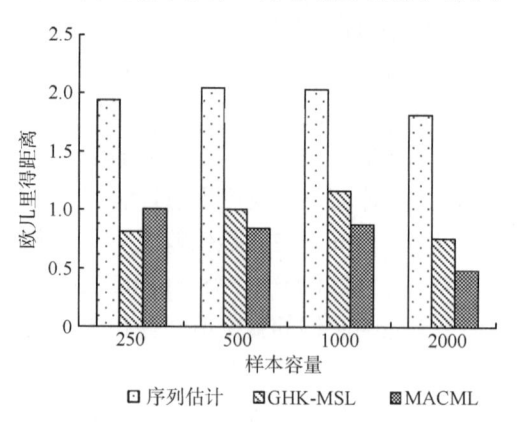

图 4.3　真实值和估计值间的欧几里得距离

基于以上设定的背景，发现各种用于估计 ICLV 模型的方法之间存在显著的差异。总体上，同时估计法优于序列估计法；而对于本节所涉及的两类同时估计法，MACML 法在获得真实的参数估计值、生成具备更小标准差的稳健参数方面，要明显胜于 MSL-GHK 法。因此，对比结果证实了 MACML 法能够获得具备有效性和一致性的参数，其更加适合用于估计基于多项 probit 的 ICLV 模型。

4.3.3　小结

根据对三种估计方法所得结果的对比分析，可以发现：①同时估计法在整体上优于序列估计法；②本节所考虑的两种同时估计法中，在不同的样本量下，MACML 法都要优于 MSL-GHK 法。结果表示序列估计法得到的参数估计值，相对于其真实值存在一定的偏差，这可能是由于将潜变量计入离散选择模型的效用函数时，没有考虑它们本身的误差。相对地，同时估计法在估计的过程中同时考虑了变量中包含的所有信息，如式（4.6）和式（4.7）所示，因而能够获得具有鲁棒性和有效性的估计参数。采用的评价指标均表明，与序列估计法和 MSL-GHK 法相比，MACML 法有更强大的能力获得参数的真实值。尽管在所得参数估计值的标准差方面，MACML 法和 MSL-GHK 法之间没有显著的差异，但后者所得标准差相对较小。MACML 法所得参数真实值和估计值间的欧几里得距离随着样本量的增加而降低，并且总体小于其他两种方法所得该统计量的值。此外，当样本量为 250 时，两种同时估计法所得的参数估计值都与真实值偏离较大，可能是由于模型的复杂性较高，大量的参数需要被同时估计，而有效估计参数的得到需要有足够的样本量。

4.4 基于 ICLV 模型的通勤出行方式分析

4.3 节对用于估计 ICLV 模型的三种方法进行了对比,证实了 MACML 法相对较优。本节将建立基于多项 probit 的 ICLV 模型,并用 MACML 法进行估计,分析可直接观测的出行者个人及家庭的社会经济属性、不可观测的态度、偏好等心理因素等对出行者通勤方式选择行为的影响。具体而言,以出行者的心理潜变量作为个体异质性的一个具体表现,分析这种异质性在离散的方式选择过程中所发挥的作用。

4.4.1 样本数据及变量

出行者的通勤方式不仅受到年龄、收入等社会经济属性的影响,他们对各种方式的心理态度也在其中发挥重要作用。以绍兴市 2013 年的居民出行调查数据库为来源,研究了被调查者通勤出行方式中小汽车、公交、摩托车、电动车这四种方式的选择行为。样本共包括 5269 位出行者,详细记录了每位通勤者的个人及家庭的社会经济属性、通勤方式。在研究的四种出行方式中,小汽车出行的比例为 43.98%,其次是电动车出行(41.76%),公交出行的比例为 9.18%,所占比例最低的是摩托车出行(5.08%)。同时,为了为潜变量提供测量指标,通过问卷获得了出行者对各种出行方式各属性的感知和评价。最终确定对每种出行方式采用三个态度指标进行测定,具体内容如表 4.5 所示。

表 4.5 测量指标的统计特征

编号	指标	最大值	最小值	均值(标准差)
I_{11}	您对小汽车的喜好程度是:1 很不喜欢~5 很喜欢	5	1	3.59(1.03)
I_{12}	您对小汽车的满意程度是:1 很不满意~5 很满意	5	1	3.57(1.00)
I_{13}	您对小汽车舒适性的感觉:1 很不舒适~5 很舒适	5	1	4.06(0.90)
I_{21}	您对公交的喜好程度是:1 很不喜欢~5 很喜欢	5	1	2.73(0.99)
I_{22}	您对公交的满意程度是:1 很不满意~5 很满意	5	1	2.78(1.01)
I_{23}	您对公交舒适性的感觉:1 很不舒适~5 很舒适	5	1	2.85(0.95)
I_{31}	您对摩托车的喜好程度是:1 很不喜欢~5 很喜欢	5	1	2.41(1.08)
I_{32}	您对摩托车的满意程度是:1 很不满意~5 很满意	5	1	2.58(1.06)
I_{33}	您对摩托车舒适性的感觉:1 很不舒适~5 很舒适	5	1	2.42(1.06)
I_{41}	您对电动车的喜好程度是:1 很不喜欢~5 很喜欢	5	1	3.35(1.03)
I_{42}	您对电动车的满意程度是:1 很不满意~5 很满意	5	1	3.42(0.96)
I_{43}	您对电动车舒适性的感觉:1 很不舒适~5 很舒适	5	1	3.24(0.92)

采用基于多项 probit 的 ICLV 模型，并用 MACML 法进行估计。模型共构建了四个潜变量，参数标定由 GAUSS 软件完成。模型变量定义如表 4.6 所示。

表 4.6 模型变量定义

属性	变量名	定义
潜变量	Pro-car	对小汽车的偏好
	Bus-aversion	对公交的厌恶
	Mcycle-aversion	对摩托车的厌恶
	Pro-ecycle	对电动车的偏好
时间	Time	通勤时间
家庭月收入	Inc1	0~2 000 元
	Inc2	2 001~5 000 元
	Inc3	5 001~8 000 元
	Inc4	8 001~15 000 元
	Inc5	15 001~20 000 元
	Inc6	>20 000 元
交通工具	Car	家庭小汽车数
	Mcycle	家庭摩托车数
	Ecycle	家庭电动车数
出行者年龄	Age1	<30 岁
	Age2	31~45 岁
	Age3	46~65 岁
	Age4	>65 岁
性别	Male	男性
家庭的孩子	Child1	没有孩子
	Child2	有小于 6 岁的孩子
	Child3	有 6~18 岁的孩子
	Child4	有大于 18 岁的孩子
受教育程度	Edu1	小学及初中
	Edu2	高中
	Edu3	本科
	Edu4	研究生及以上
家庭成员数	Fsize	家庭成员数

4.4.2 模型标定及结果分析

表 4.7~表 4.9 给出了模型各部分的估计结果，其中括号内的数值对应 t 统

计量，上标"**"表示对应的估计参数在 $p \leq 0.01$ 的水平下显著，"*"表示该估计参数在 $p \leq 0.05$ 的水平下显著。

表 4.7 潜变量结构方程

潜变量	解释变量	系数（t）
Pro-car	Male	0.12*（2.40）
	Inc4	0.23**（3.28）
	Inc5	0.38**（3.34）
	Inc6	0.73**（3.58）
	Edu3	0.14**（2.60）
Bus-aversion	Age4	−0.30**（−9.10）
	Inc2	0.01（0.24）
	Inc3	0.09**（3.21）
	Edu2	−0.04**（−4.33）
Mcycle-aversion	Male	−0.38**（−11.03）
	Inc1	−0.21**（−4.10）
	Inc2	−0.19**（−9.17）
	Age2	−0.01（−1.64）
Pro-ecycle	Male	−0.15**（−4.25）
	Inc2	0.29**（9.50）
	Inc3	0.11**（3.53）

表 4.8 潜变量测量方程

外显指标	潜变量	系数（t）
I_{11}	Pro-car	0.76*（2.05）
I_{12}		1.02（1.69）
I_{13}		0.19（1.41）
I_{21}	Bus-aversion	−0.63**（−4.96）
I_{22}		−1.07**（−4.63）
I_{23}		−0.41**（−4.84）
I_{31}	Mcycle-aversion	−1.71*（−2.07）
I_{32}		−0.94**（−4.96）
I_{33}		−0.11（−1.31）
I_{41}	Pro-ecycle	1.04**（4.62）
I_{42}		1.37**（3.67）
I_{43}		0.05（0.60）

表 4.9 出行方式选择模型

变量	传统多项 probit 模型 公交	传统多项 probit 模型 摩托车	传统多项 probit 模型 电动车	ICLV 模型 小汽车	ICLV 模型 公交	ICLV 模型 摩托车	ICLV 模型 电动车
常数	—	−0.43** (−3.94)	—	0.81** (11.04)	—	−1.04** (−11.60)	0.88** (11.09)
Time	—	—	—	—	−0.01** (−13.00)	—	—
Age2	−0.19** (−3.30)	—	—	—	−0.32** (−13.46)	—	—
Age3	—	—	—	—	−0.15** (−10.34)	0.19** (9.80)	—
Edu2	—	−0.07 (−1.86)	—	—	—	−0.27** (−12.19)	—
Edu3	—	—	—	—	0.08** (6.11)	−0.40** (−11.63)	−0.18** (−11.55)
Inc4	—	—	—	—	−0.06* (−2.19)	—	−0.08* (−2.49)
Inc5	—	—	—	—	−0.17** (−5.44)	−0.11 (−0.67)	−0.06* (−1.98)
Inc6	—	—	—	—	−0.18** (−5.27)	—	−0.15** (−4.21)
Child2	−0.31** (−3.13)	−0.20* (−2.11)	—	—	−0.32** (−12.13)	−0.29** (−8.68)	0.03** (4.13)
Child3	−0.33** (−4.42)	−0.13 (−1.79)	—	—	−0.31** (−12.90)	0.12** (6.12)	0.15** (12.11)
Child4	−0.25** (−2.66)	—	—	—	−0.19** (−10.00)	0.32** (9.97)	0.27** (12.67)
Fsize	0.09** (3.05)	0.07** (2.78)	—	—	0.13** (12.87)	0.10** (10.78)	—
Car	−0.77** (−15.46)	−0.69** (−7.38)	—	—	−1.39** (−13.08)	−1.97** (−13.30)	−1.49** (−13.35)
Mcyle	0.17* (2.01)	0.59** (6.91)	—	—	−0.18** (−12.81)	1.59** (12.98)	−0.12** (−10.88)
Ecycle	−0.41** (−12.32)	−0.34** (−7.14)	—	—	−0.15** (−14.17)	−0.31** (−11.44)	0.51** (13.57)
Pro-car	—	—	—	0.12** (3.30)	—	—	—
Bus-aversion	—	—	—	0.26** (6.80)	−0.73** (−5.71)	—	—
Mcycle-aversion	—	—	—	—	—	−0.43** (−9.75)	0.76** (6.45)
Pro-ecycle	—	—	—	−0.27** (−6.10)	−0.12* (−2.00)	—	0.72** (5.34)
总对数似然值	—	—	—	−943 567.25			
选择模型的对数似然值	−3 424.85			−3 264.82			

第 4 章　集成潜变量的通勤出行方式建模

潜变量测量方程结果如表 4.8 所示。

1. 潜变量模型

潜变量结构方程的结果见表 4.7，表示不同社会经济属性的人群对各种出行方式的态度是不同的。例如，男性及高收入人群偏好小汽车出行，可能主要是由于他们对速度、隐私、空间等要求比较高。而低收入群体偏好摩托车及电动车出行，主要是由于这两类方式的出行成本较低。老年人不厌恶公交出行，或者说是偏好，主要是由于绍兴市实施了老年人乘坐公交免费政策。

为对潜变量模型的结果有更加直观的了解，将表 4.7 和表 4.8 的结果汇总在图 4.4 中，图 4.4 中给出了在 $p \leqslant 0.10$ 的水平下显著的作用关系。需要说明的是，在进行模型标定的过程中，四个潜变量并没有被假定为相互独立，式（4.1）中对应于各潜变量的随机误差项的相关系数矩阵为非对角矩阵。

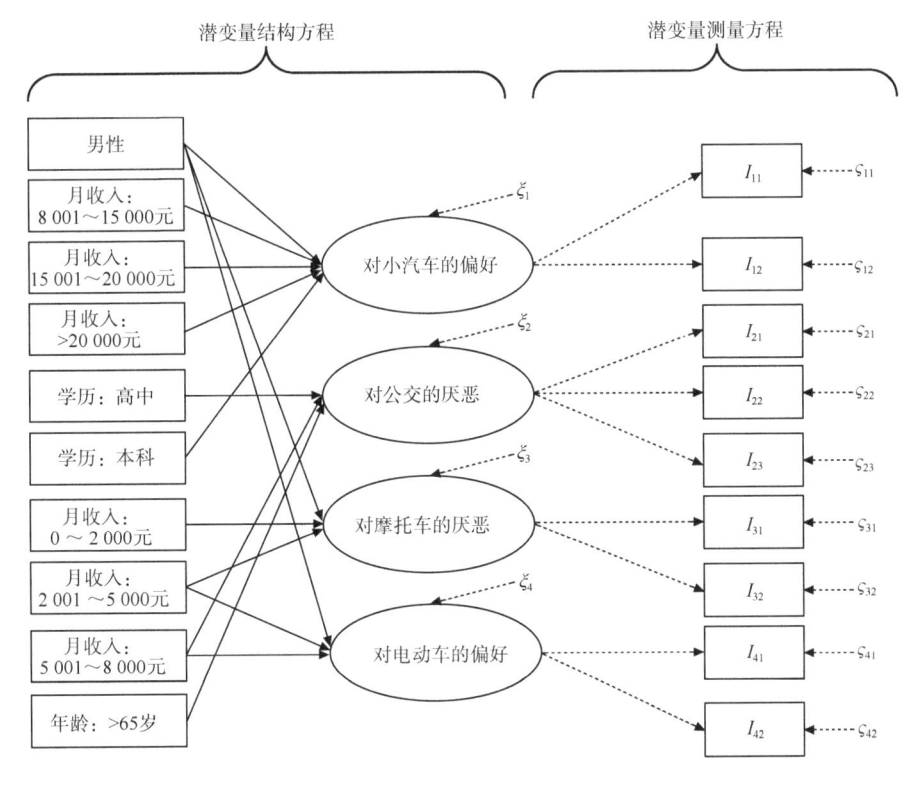

图 4.4　潜变量模型

图 4.4 的左侧为潜变量结构方程，对应表 4.7 的估计结果，即用外显的社会经济属性变量对潜变量进行解释，各潜变量的随机误差项分别为 ξ_1、ξ_2、ξ_3 和 ξ_4。

图 4.4 的右侧为潜变量测量方程，对应表 4.8 的估计结果，即用外显指标对潜变量进行测量，每个测量指标对应一项测量误差 ς。

2. 选择模型

为了表示考虑潜变量影响的 ICLV 模型相对于传统多项 probit 模型（无潜变量）的优越性，本章也对其进行了估计，选择模型的结果如表 4.9 所示（小汽车作为基础选择项，括号中的数字表示 t 统计量）。一方面，它们之间的似然比如该式所示：LR=-2［-3424.85-（-3264.82）］=320.06。该统计量近似服从自由度为 4 的卡方分布，在 p=0.05 时的临界值为 9.49<320.06，拒绝了假定这两个模型无显著差异的零假设，而证实了相对于传统多项 probit 模型，考虑潜变量影响的 ICLV 模型具有显著的统计优越性，潜变量的加入提高了模型的拟合优度，这在许多基于 ICLV 模型的相关研究中也得到了证实[151]。另一方面，表 4.9 显示在传统多项 probit 模型（无潜变量）的估计结果中，很多变量的作用并不显著（如出行时间、收入、教育程度以及影响电动车选择的因素等），而在 ICLV 模型中，大部分变量的系数在 95%的置信水平下都非常显著，表示 ICLV 模型能够得到更好的参数估计值，揭示各类变量对方式选择决策的影响，因而具有更强的行为解释能力。

本节的重点在于 ICLV 模型，传统多项 probit 模型仅作为对比。因此，在下文中，只对 ICLV 模型的结果进行分析解释。从表 4.9 可知，通勤方式选择不仅受到可见的社会经济属性的影响，通勤者心理上对各种出行方式的感知也会影响其选择行为。具体而言有以下几点。

（1）出行时间对各种出行方式的选择有负面的影响，主要是由于出行时间所带来的负效用。

（2）中青年不愿意选择公交，而 46~65 岁的通勤者愿意选择摩托车。

（3）受过高等教育的通勤者更愿意选择公交，可能出于环境保护的考虑；不愿意选择摩托车或电动车。

（4）高收入群体选择公交、摩托车和电动车的概率更低，可能由于他们能够享受私家车带来的方便、快捷及私人空间等，愿意并能够负担使用私家车的高费用。

（5）有孩子的通勤者不愿意选择公交，更愿意选择电动车；而对摩托车的选择取决于孩子的年龄，结果表示孩子的年龄小于 6 岁时，选择摩托车的可能性比较低，此时通勤者更倾向于选择电动车，可能由于摩托车对于这类年纪的孩子不太方便，而他们可以站在某些电动车前方的踏板上。

（6）家庭拥有小汽车、摩托车及电动车的数量对其他方式的选择有负面的影响。

（7）通勤者对某种出行方式的态度不仅影响他们对该方式的选择，还会对其他方式的选择产生作用。具体而言，偏爱小汽车的通勤者倾向选择小汽车；对公交有厌恶情绪的通勤者非常不愿意选择这种方式，而更容易选择小汽车；类似地，反感摩托车的出行者不愿意采用摩托车作为通勤方式，而更喜欢选择电动车；对电动车持积极态度的通勤者选择电动车的概率更大，而不愿意选择小汽车或公交作为通勤方式，可能是由于与电动车相比，小汽车出行的成本过高，而公交的灵活性与方便性较低，且不受个人主观控制。

此外，通过对比表4.7和表4.9的结果发现，在本模型中，外在社会经济属性变量对某选择项效用函数的影响只属于以下三种的其中一种：①完全没有影响；②直接出现在效用函数式（4.4）中，即直接影响；③直接出现在潜变量结构方程式（4.1）中，即通过潜变量的作用对效用函数产生间接影响。这也是采用MACML法估计ICLV模型的一个必要条件[137]。

通过以上分析可知，通过潜变量模型对个体的态度、感知和偏好等不可见的心理因素进行构建与测定；进而在选择模型中直接考虑潜变量产生的作用，而不是将它们置于随机误差项中不予考虑，增强了模型的行为解释能力，更好地诠释了个体出行者通勤方式选择的决策机制。

4.5 本章小结

本章主要通过构建ICLV模型，从潜变量的角度对偏好异质性在行为建模过程中所发挥的作用进行考虑。

首先，对ICLV模型目前常用的三种估计方法进行基于仿真数据的比较。结果证实，不论样本容量的大小，在参数估计的无偏性和有效性方面，MACML法和MSL-GHK法这两种同时估计均胜过序列估计法。此外，MACML法优于序列估计法和MSL-GHK法，主要体现在MACML法所得参数估计具备如下性质：①相合性，与它们的真实值非常接近；②有效性，它们的标准差非常小，尤其是当样本量足够大的时候，标准差几乎为零；③随着样本量的增加，估计的效果有显著提升。序列估计法、MSL-GHK法和MACML法之间具有整体的可比性，而对比结果证实了MACML法在实际应用中可能存在的价值。一方面，序列估计法所得参数估计值存在偏差，并且倾向于低估参数的标准差；另一方面，在本章所模拟的情境中，即使样本量为2000时，MSL-GHK法所得参数估计值也不是很理想，可能是由于ICLV模型本身的复杂性，以及本章中建立了五个潜变量，加剧了模型估计的困难。Daziano 和 Bolduc 认为对于复杂的 ICLV 模型来说，似然函数并不是在全域中是严格凹的，这意味着在寻找似然函数的最大值的过程中，可能会遇到局部最大的问题[150]。因此，MSL-GHK 法得到的参数估计值不显著，可能是由于随机抽样的次数所限。相对地，MACML 法似然函数的积分维度与潜变量的数量无关，再次证实了 MACML 法在估计 ICLV 模型方面的优势，尤其适用于潜变量的数量较大的情况。总之，本章中对用于 ICLV 模型估计的这三种方法的对比表明了 MACML 法的整体最优。

通过建立基于多项 probit 的 ICLV 模型，对影响出行者通勤方式选择行为的因素进行分析。通过潜变量模型构建不可直接观测的心理因子，并将其同其他可直接观测的社会经济属性一同纳入选择模型，采用 MACML 法对模型进行估计。结果表明，具备不同社会经济属性的通勤者对各种出行方式（小汽车、公交、摩托车及电动车）的心理态度及感知不同。不仅可见的社会经济属性影响通勤者的方式选择，而且通勤者潜在的对各种方式的喜好或厌恶都会对其通勤方式的选择产生重要影响，这直接反映了最本质的行为原因，有利于帮助交通管理当局确定关键的政策作用对象，为管理政策的制定提供一定的指导。比如，在所有用于分析通勤方式选择决策的变量中，除了小汽车拥有量的作用外，对公交持厌恶情绪的通勤者，即绍兴市月收入处于 5001～8000 元的人群,选择公交车的可能性最低，也就是说这类人群对于提高公交分担率的相关政策和措施极不敏感，他们不太可能成为管理部门的关注对象。

第5章 基于异质性分组的活动-出行行为分析

5.1 引　言

在第3章和第4章中，体现不可见偏好异质性的心理潜变量直接作为解释变量被加入模型中，对个体出行者的时间分配决策以及出行方式决策进行了分析，通过对异质性的直接表示来增强模型的行为解释能力。本章从另外一个角度对出行者个体的异质性进行诠释，并将其体现在行为模型的构建过程中，基于异质性对出行群体进行细分，探讨每组特异的行为决策机制，即响应异质性。以下的分析将从三个方面展开：①基于骑行行为进行确定性分组，从时间角度挖掘共享单车骑行背后隐藏的行为模式和规律；②基于潜变量的组合进行确定性分组，用于分析每组的时间分配决策；③基于出行者的客观属性组合进行概率性分组（即基于潜在类别的分组），用于每组的出行方式决策。以上分组方式均属于后验分组。

5.2 出行方式的异质性分析——以共享单车为例

5.2.1 骑行数据的统计分析

以上海市摩拜单车2016年8月22日（星期一）至28日（星期日）的骑行数据为基础分析共享单车的使用模式。选择这个时间段主要是因为：①所选时间为摩拜单车在上海市投放的第五个月，上海市民已熟知并接受共享单车这一互联网时代的新生事物；②大量现有研究表明一个星期是出行行为分析的理想时长，因为人们通常每周重复他们之前的活动和出行；③经查询，该段时间内以多云、微风为主，并无恶劣天气出现，可相对排除极端天气状况对骑行行为的影响。虽然不同季节、时间段的骑行模式可能略有差别，但此处不作对比，着重挖掘共享单车骑行行为在时间维度上的特征。原始数据中出行时长少于1分钟，或超过90分钟的记录被删除，约占数据记录总数的0.9%，最终，301 811次摩拜骑行被用于分析。

1. 骑行开始时间

将 1 天中的 24 小时分为 96 个时间段，即 00:00～24:00，每 15 分钟为一段，分别统计每个时间段内摩拜单车开始骑行的数量，如图 5.1 所示。

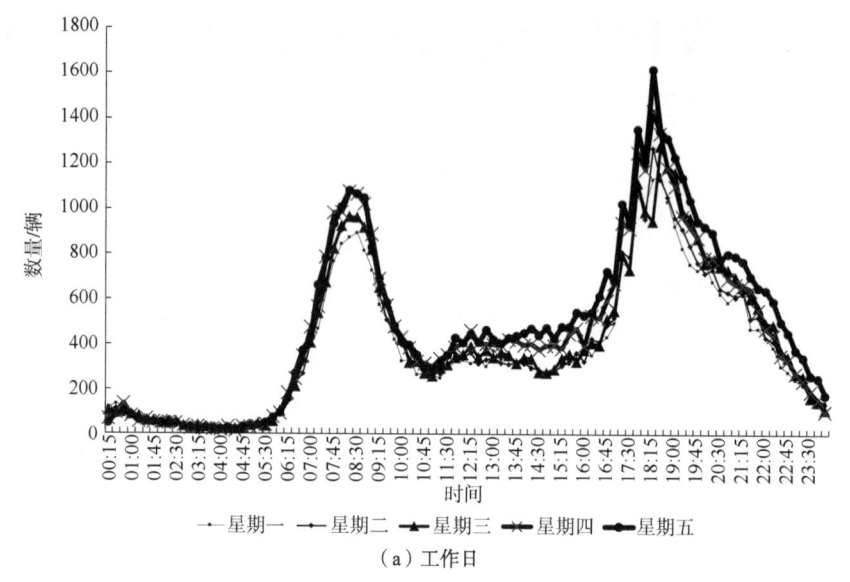

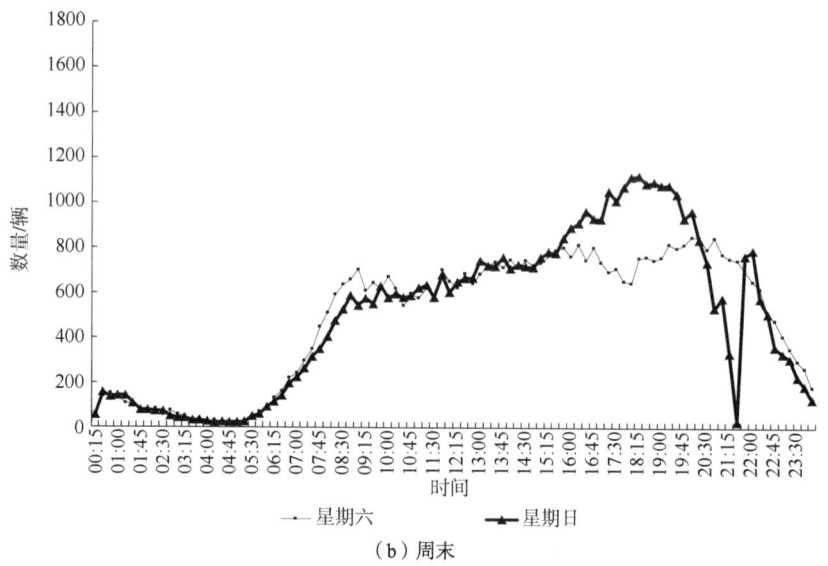

（a）工作日

（b）周末

图 5.1 共享单车的骑行开始时间

从图 5.1（a）可看出：共享单车骑行开始时间的日统计在星期一至星期五非常相似，反映了工作日的特征，早晚高峰的大致时间为 07:45～09:00、17:45～

18:45；晚高峰期间共享单车的使用数量更大，表明晚高峰交通量更为集中，这可能是因为人们下班后更愿意使用共享单车外出休闲；中午 11:30~13:00 有一个小波峰，对应午休时间的出行；星期五大部分时段的骑行数量多于其他工作日的对应时段，尤其 17:15 之后，这是因为星期五是每周工作日的最后一天，人们倾向于下班后与朋友、同事、家人等外出小聚。

从图 5.1（b）可看出：共享单车的骑行统计在周末则完全不同，仅星期日 17:15~19:30 出现了一个小波峰，而星期六白天（8:30~19:00）的骑行总量没有明显差别。这是因为周末人们可以自由安排时间，非高峰时段的骑行量比工作日非高峰时段大。

2. 骑行时长

分别计算每条记录的骑行时长，统计不同时长对应共享单车的骑行总量，即（0，5］分钟、（5，10］分钟、（10，15］分钟等，如图 5.2 所示。可知：一个星期内，每天的骑行时长分布相差不多，（5，10］分钟的骑行数量较多；随着骑行时间的增加，骑行数量逐渐减少；工作日和周末仍存在细微的差别。具体而言，工作日 47.0%的骑行短于 10 分钟，很可能是由于人们在工作日主要在家与公交站的往返间使用共享单车，即用于解决公共交通的"最后一公里"问题。周末大于 20 分钟的骑行（30.3%）多于工作日（24.2%），此时共享单车可能用于前往最终目的地或稍远距离的换乘。

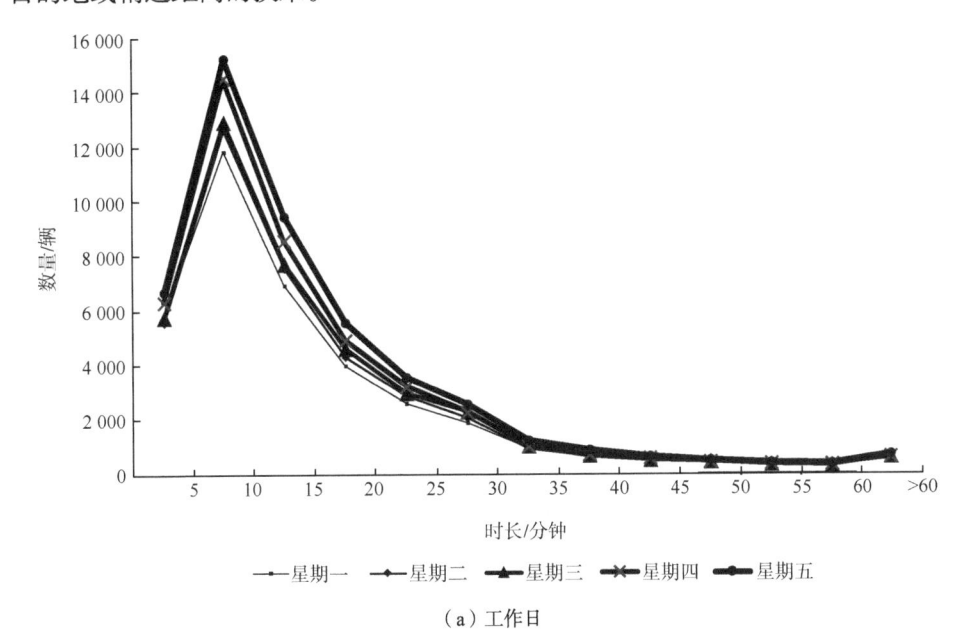

（a）工作日

(b)周末

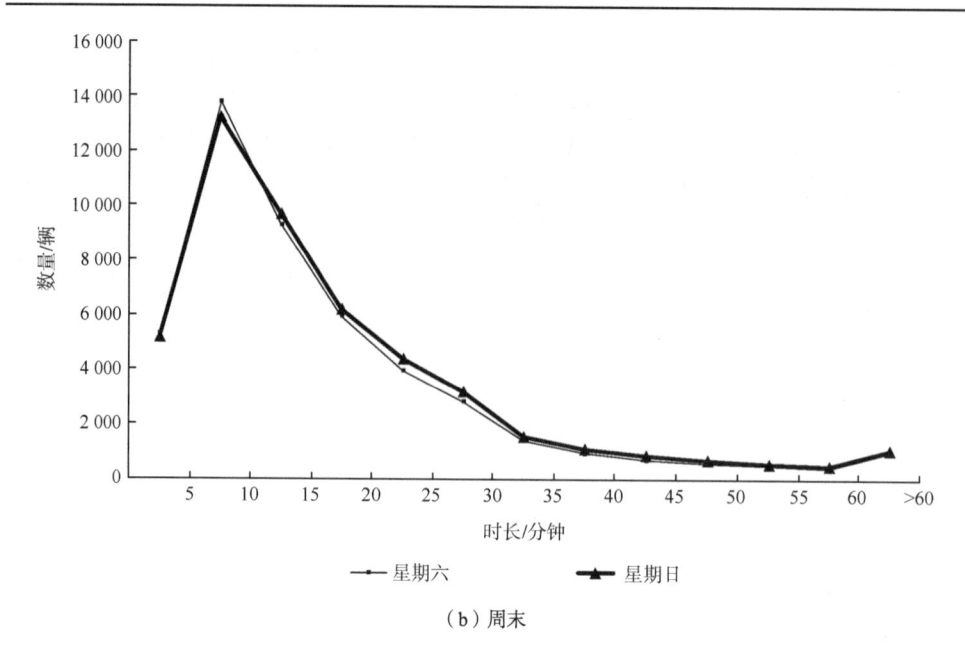

图 5.2　共享单车的骑行时长

简单总结：周末人们骑行共享单车的平均时间（18 分钟）要比工作日（15 分钟）稍长；共享单车在一个星期内不同时间扮演的角色不同，工作日可能更多用于短距离换乘，周末的时间安排相对自由，长时间骑行（骑向终点或长距离换乘）成为可能。

5.2.2　共享单车骑行者分类与骑行规律

以骑行者为研究对象，对每一个骑行者在 1 天内的多次骑行进行联合分析。

1. 骑行者分类

对骑行者分类主要用于观测部分骑行者的日骑行行为是否与其他骑行者之间存在显著差异。将 1 天划分为 48 个时段，即每 30 分钟为一段。对于每一个骑行者，如果他在某一时段内开始使用共享单车，则该时段的状态为"1"，否则为"0"。也就是说，仅根据骑行的开始时间来标定每个时段的状态，而非骑行的持续时间；状态"1"表示在特定时段内，至少使用过 1 次共享单车，而非使用共享单车的次数。表 5.1 为用于分类的骑行状态示例，如编号为 3 的骑行者在 8 月 22 日上午 06:30～07:00、07:30～08:00、08:30～09:00 这 3 个时段内均骑行共享单车。

表 5.1 共享单车骑行状态示例

日期	用户 ID	⋯	P14	P15	P16	P17	P18	⋯
2016-08-22	3	⋯	1	0	1	0	1	⋯
2016-08-22	7	⋯	0	0	0	0	1	⋯
2016-08-22	8	⋯	0	1	0	0	0	⋯

采用 K 均值聚类对骑行人群进行分类，以"Cosine"距离标定每对骑行记录之间的距离，即

$$\cos(A,B) = \frac{\sum_{i=1}^{m} T_{A_i} T_{B_i}}{\sqrt{\sum_{i=1}^{m} \left(T_{A_i}\right)^2} \sqrt{\sum_{i=1}^{m} \left(T_{B_i}\right)^2}} \quad (5.1)$$

其中，$\cos(A,B)$ 为骑行者 A 和 B 之间的 Cosine 距离；T_{A_i} 和 T_{B_i} 分别为骑行者 A 与 B 的每一条骑行记录；i 为一天中的不同时段；m 为一天中的 48 个时段。

"Cosine"距离将 1 天中的 48 个状态视为向量，计算向量与向量之间的总体距离，而非单独计算每两个骑行者对应时段状态间的距离。Davies-Bouldin 系数、Calinski-Harabasz 系数以及 Silhouette 系数被同时用来决定最佳组数，3 个指标值越大，表示聚类结果越优。3 个指标值均显示，工作日每天骑行人群的聚类数为 2，周末每天骑行人群的聚类数为 3。选取星期一和星期六的聚类结果进行对比分析，且聚类结果根据每组组数进行平衡，如图 5.3 和图 5.4 所示。

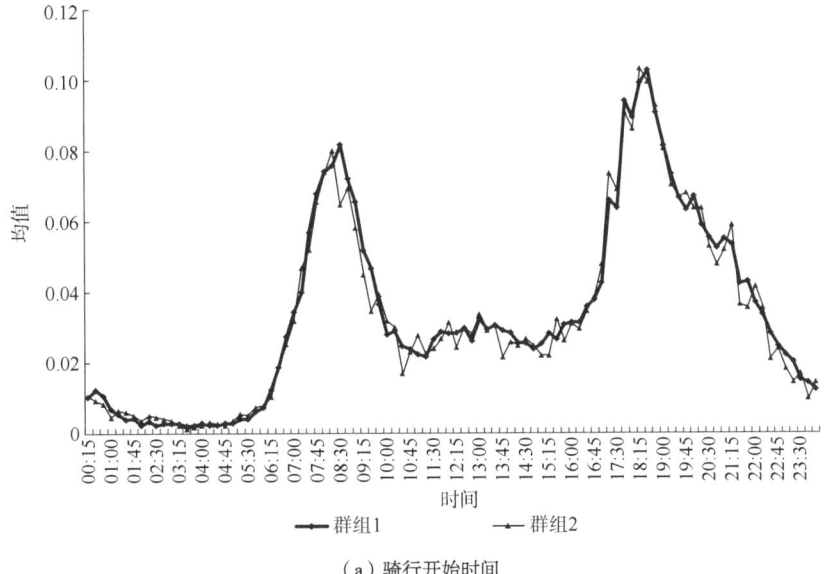

（a）骑行开始时间

（b）骑行时长

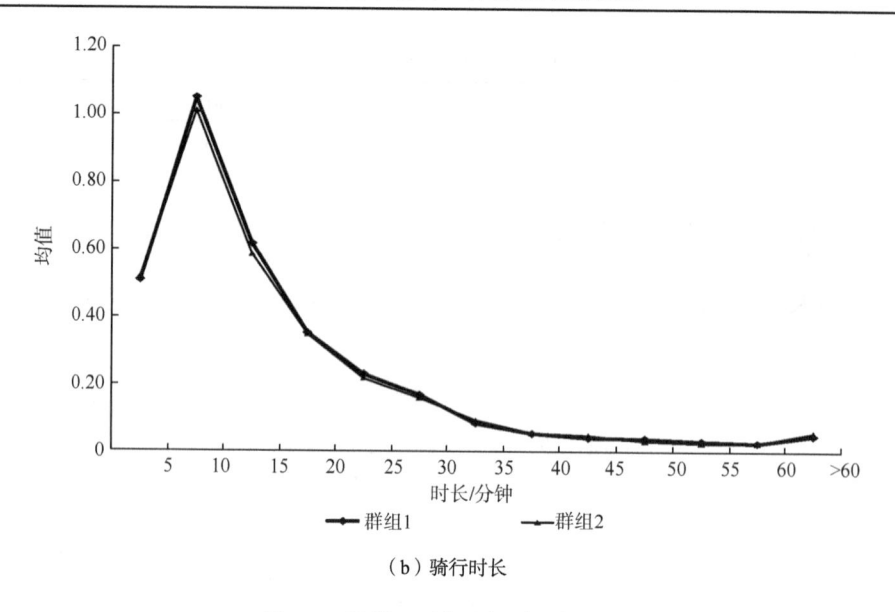

图 5.3 星期一两个骑行群组的对比

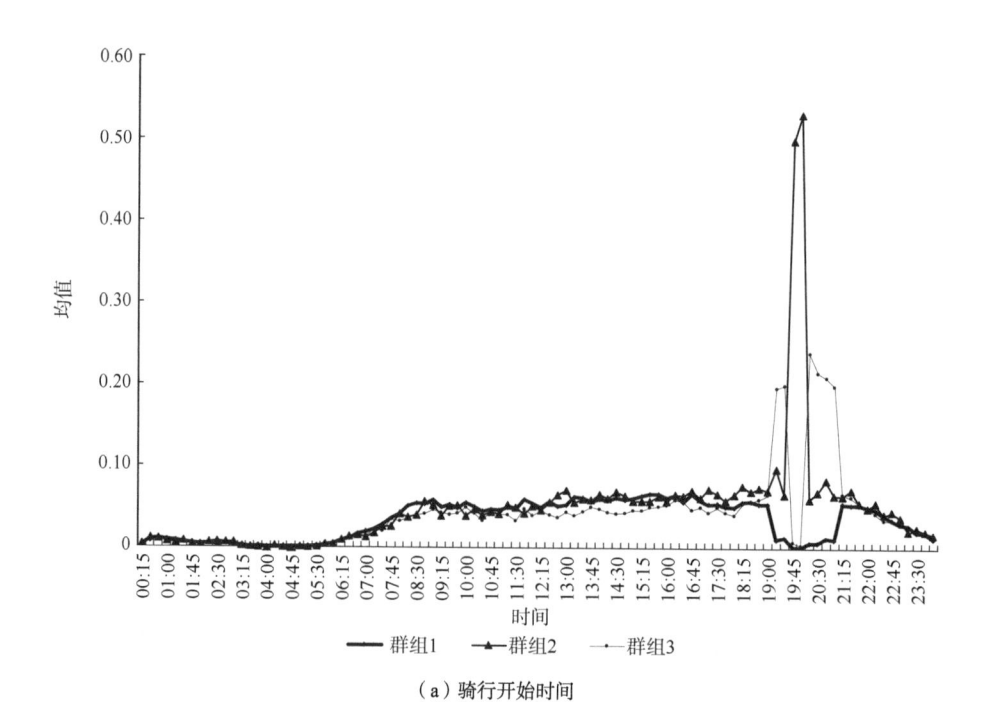

（a）骑行开始时间

(b) 骑行时长

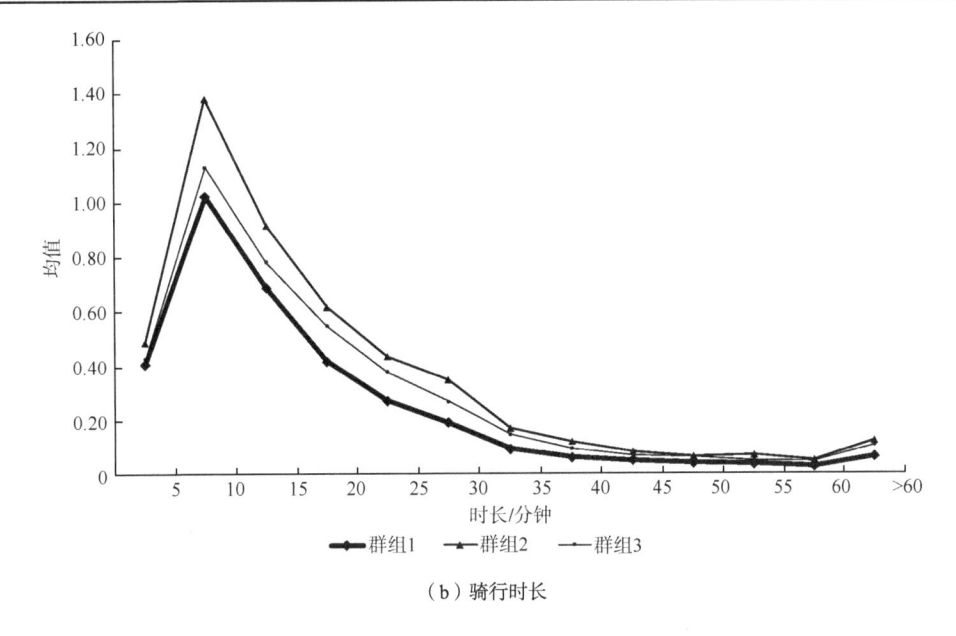

图 5.4 星期六的 3 个骑行群组对比

尽管 3 项指标均表明星期一的骑行者能够被聚类为两个群组，但两组骑行开始时间和骑行时长并没有像图 5.4 中星期六的 3 个群组间表现出特别显著的差异，这是因为工作日大部分骑行者的时间安排比较固定，上下班时间趋近。群组 2 对应的两个高峰时段要比群组 1 的高峰时段早开始。尽管两个群组之间骑行时长分布并无显著差别，但群组 2 使用共享单车的时长更可能超过 30 分钟，而群组 1 的骑行时间较短。这说明：群组 1 使用共享单车的目的主要是用于短程接驳，比如前往公交车站；群组 2 使用共享单车的目的主要是直接前往最终目的地，考虑到长时间骑行，对应的骑行开始时间也较早。

从图 5.4 可以看出，3 个骑行群组的骑行行为存在明显差异。就骑行开始时间而言，群组 1 倾向于在早晨使用共享单车，群组 2 更多地在下午和晚上使用共享单车，群组 3 很少在中午和下午使用共享单车。3 个群组中，群组 2 使用共享单车的频次更高，不论共享单车的骑行时长，还是骑行数量均高于其他两个群组，故将群组 2 定义为"星期六共享单车爱好者"。19:00～21:15 时段内，3 个群组显示出非常明显的差异，群组 1 的骑行数量急剧下降，群组 2 和群组 3 的骑行数量则急剧增加，进一步理解为星期六晚上的这个时段，共享单车对不同人群的作用存在很大区别。

2. 骑行规律

分别根据周中的一天与骑行开始时间组合，以及周中的一天与骑行时长组合，计算赫芬达尔–赫希曼指数（Herfindahl-Hirschman index，HHI）以衡量个体共享单车骑行规律。以周中的一天与骑行开始时间组合为例，HHI 值越大，表示共享单车一个星期 7 天间骑行开始时间的规律性越高，即在每天的相同时间段内开始使用共享单车，如星期一至星期五的每天均在 07:00～07:30 时段使用共享单车，具体计算过程请参考 Susilo 和 Axhausen[152]的研究。将 1 天划分为 48 个时间段，即每 30 分钟一段，根据每个时间段内开始的骑行数量进行状态记录，如表 5.2 所示。HHI 计算结果如图 5.5 和图 5.6 所示。

表 5.2　用于计算 HHI 的骑行状态示例

日期	用户 ID	…	P34	P35	P36	P37	P38	…
2016-08-22	3	…	1	0	0	0	0	…
2016-08-23	3	…	0	0	1	0	0	…
2016-08-24	3	…	0	0	0	0	0	…
2016-08-25	3	…	0	0	0	0	1	…
2016-08-26	3	…	0	1	0	0	0	…
2016-08-27	3	…	0	0	0	1	0	…
2016-08-28	3	…	1	0	0	0	0	…

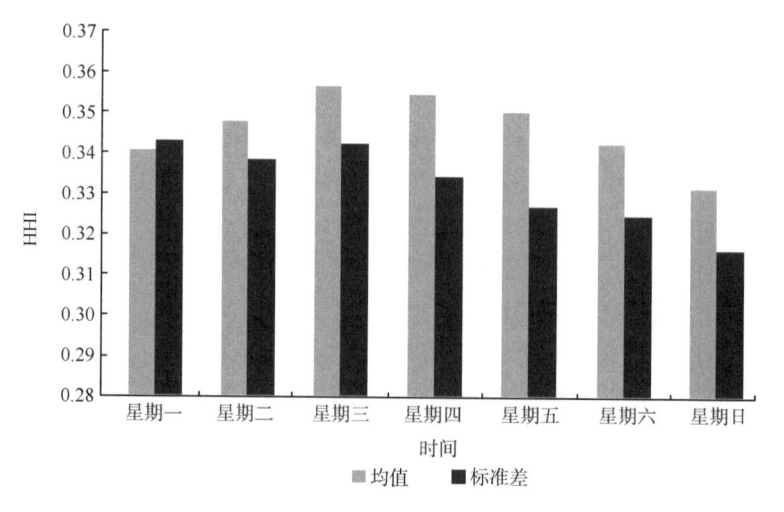

图 5.5　基于周中的一天与骑行开始时间组合的 HHI 值

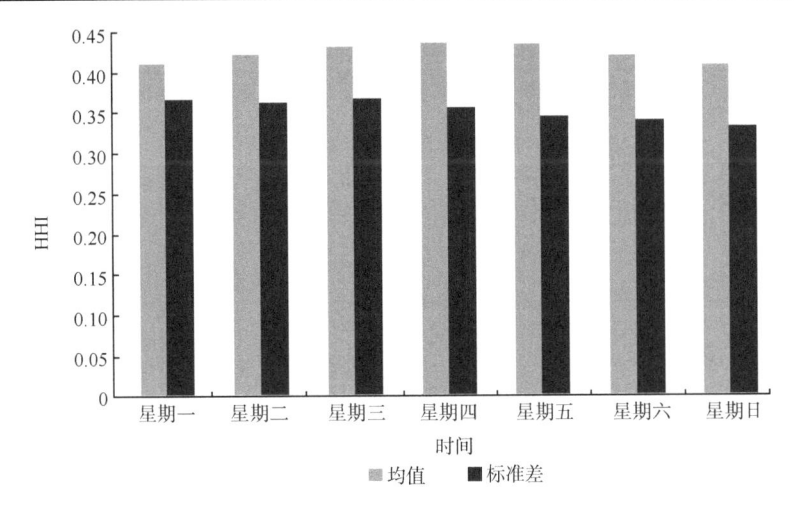

图 5.6 基于周中的一天与骑行时长组合的 HHI 值

两种组合对应的 HHI 值在一周 7 天时间均无明显不同,这可能是由于共享单车主要用于例行活动,或家/工作单位与公共交通站点间的接驳,骑行者形成了固定的骑行习惯。星期三和星期四的 HHI 值均比其他时间要高,即对于个体而言,星期三和星期四为有代表性的工作日,大多数人在这两天倾向于按照固定的日程安排进行活动。对比两种组合得到的 HHI 值发现,基于周中的一天与骑行开始时间组合得到的 HHI 值比较低,标准差与均值的比值较高,也就是说,共享单车骑行的开始时间在一个星期的每天时间发生变化,这主要是由于个体间异质性。

表 5.3 为两种组合得到 HHI 值的统计,其中,HHI_0 对应原始的 HHI,HHI_1 对应基于骑行者实际骑行天数对 HHI_0 进行平衡后的 HHI,HHI_2 对应将仅有一次共享单车骑行的 HHI_1 设为 0 之后的 HHI。与图 5.6 一致,基于周中的一天与骑行开始时间组合得到的 HHI 值普遍比基于周中的一天与骑行时长组合得到的 HHI 值低。因此,人们更愿意每天的每次骑行遵循相对固定的时长,每次骑行的开始时间则相对灵活变动。标准差显示,HHI_0 即基于周中的一天与骑行开始时间组合得到的 HHI 初始值在骑行者之间有很大差别。根据个体实际的骑行天数对 HHI 进行平衡后,基于周中的一天与骑行时长组合得到的 HHI 值显示出更大的变动程度。可能是因为相比于那些周中的一天与骑行开始时间组合得到较高 HHI 值的骑行者,对应周中的一天与骑行时长组合得到较高 HHI 值的骑行者更愿意每天都使用共享单车。此外,HHI 最大值为 1.000 主要是由于对应的骑行者每天仅使用一次共享单车。

表 5.3　HHI 值的统计描述

统计数	周中的一天与骑行开始时间			周中的一天与骑行时长		
	HHI_0	HHI_1	HHI_2	HHI_0	HHI_1	HHI_2
均值	0.358	0.207	0.206	0.469	0.280	0.279
标准差	0.166	0.118	0.119	0.156	0.149	0.150
最小值	0.091	0.002	0	0.140	0.003	0
最大值	1.000	0.875	0.875	1.000	1.000	1.000

5.2.3　小结

基于上海市摩拜单车一星期的骑行数据，从时间角度进行全面探究，旨在获得无序骑行数据背后隐藏的骑行规律和行为模式。工作日和周末的共享单车骑行在时间分布上存在显著差异，工作日呈现明显的两个高峰，且早高峰持续时间更长，晚高峰的骑行量更大，而共享单车在周末的使用分布比较均衡。大部分的骑行时长在 15 分钟以内，这与共享单车解决"最后一公里"问题的定位相符。基于日使用记录的聚类分析表明，每个工作日的骑行人群可以分为 2 组，周末的骑行人群可以分为 3 组，每一组具备独特的骑行开始时间和骑行时长；对于星期一的第 2 组骑行者来说，共享单车可能是他们的主要交通方式，而非公共交通的接驳工具。基于周中的一天与骑行开始时间组合，以及周中的一天与骑行时长组合获得的 HHI 值表明，共享单车的使用有很强的时间规律性，且周中的一天与骑行开始时间组合的 HHI 值具有更大的标准差，这意味着一星期中每天的共享单车骑行开始时间会经常性变动，证实了该交通方式在使用上的灵活性。

对共享单车骑行时间分布规律的研究，可促进该系统与城市公共交通系统的衔接和配合，更加高效地解决城市"最后一公里"问题，吸引更多出行者采用"自行车+公交"的交通方式，促进城市交通系统的可持续发展。

5.3　基于潜变量分组的出行者活动–出行时间分配决策

5.3.1　研究内容

在本节中，潜在的异质性因素将被作为分组变量，把研究对象群体划分为具备不同心理特征的子群体，这有助于确定具体的政策作用对象。具体而言，该部分的研究将建立一个三阶段模型，即因子分析–聚类分析–多群组结构方程模型，通过提取个体出行者的方式的偏好因子，并根据它们对全体研究对象进行细分，具体分析每个子群体的时间分配模式及其影响因素，包括生计活动、维持活动、休闲活动和日总出行时间，并对各子群体之间的响应异质性进行分析。在该方式下，每个子群体都具备与其他群体不同的心理特质，这种基于异质性的群体细分方式有助于识别具备特定行为动机的目标群体，对政策制定具有重要的指导意义[82, 153, 154]。

以下分析的数据来源于 2013 年温岭市居民出行调查，在对原始数据进行清洗和预处理后，总样本量为 6687。每个样本均包含详细的个体/家庭社会经济属性，被调查日生计活动、维持活动、休闲活动和出行所分别耗用的时间，对公交、小汽车和电动车这三种出行方式的态度。

5.3.2 分组变量的提取

在样本数据中，每个出行者对公交、小汽车和电动车这三种方式的态度均由一组指标进行衡量。为了提取潜在的态度变量，采用因子分析法来识别多维测量指标之间的关系，并对它们进行降维处理。对于每种出行方式，均指定八个态度指标，采用正交旋转对它们进行主成分分析，提取其中的潜在偏好因子。

最终得到分别对应公交、小汽车和电动车这三种出行方式的三个偏好因子，它们对相应态度指标方差的解释能力为 66.9%、67.2%和 68.9%，即这些态度指标中所包含的大部分信息都由对应的因子以更加"紧凑"的方式进行了表示[75]。Cronbach's alpha 用来进行信度检验，评价测量指标的内部一致性。如表 5.4 所示，提取的三个偏好因子的 Cronbach's alpha 值均大于临界值 0.50[75]，表示测量指标具有较好的内部一致性。

表 5.4 态度指标及因子分析结果

交通方式	序号	态度指标	因子载荷
公交	1	您对公交的喜好程度是：1 很不喜欢～5 很喜欢	0.78
	2	您对公交的满意程度是：1 很不满意～5 很满意	0.76
	3	您会下意识不加思考地选择公交方式出行：1 很不同意～5 非常同意	0.89
	4	选择公交出行已经成为您生活的一部分：1 很不同意～5 非常同意	0.90
	5	公交是您最熟悉和最自在的出行方式：1 很不同意～5 非常同意	0.90
	6	您以公交作为出行方式已经很久了：1 很不同意～5 非常同意	0.86
	7	要您放弃公交出行是件很困难的事情：1 很不同意～5 非常同意	0.80
	8	您对公交舒适性的感觉：1 很不舒适～5 很舒适	0.62
		Cronbach's alpha	0.93
小汽车	1	您对小汽车的喜好程度是：1 很不喜欢～5 很喜欢	0.72
	2	您对小汽车的满意程度是：1 很不满意～5 很满意	0.70

续表

交通方式	序号	态度指标	因子载荷
小汽车	3	您会下意识不加思考地选择小汽车出行：1 很不同意～5 非常同意	0.93
	4	选择小汽车出行已经成为您生活的一部分：1 很不同意～5 非常同意	0.92
	5	小汽车是您最熟悉和最自在的出行方式：1 很不同意～5 非常同意	0.93
	6	您以小汽车作为出行方式已经很久了：1 很不同意～5 非常同意	0.91
	7	要您放弃小汽车出行是件很困难的事情：1 很不同意～5 非常同意	0.87
	8	您对小汽车舒适性的感觉：1 很不舒适～5 很舒适	0.45
		Cronbach's alpha	0.93
电动车	1	您对电动车的喜好程度是：1 很不喜欢～5 很喜欢	0.75
	2	您对电动车的满意程度是：1 很不满意～5 很满意	0.73
	3	您会下意识不加思考地选择电动车出行：1 很不同意～5 非常同意	0.90
	4	选择电动车出行已经成为您生活的一部分：1 很不同意～5 非常同意	0.91
	5	电动车是您最熟悉和最自在的出行方式：1 很不同意～5 非常同意	0.92
	6	您以电动车作为出行方式已经很久了：1 很不同意～5 非常同意	0.91
	7	要您放弃电动车出行是件很困难的事情：1 很不同意～5 非常同意	0.85
	8	您对电动车舒适性的感觉：1 很不舒适～5 很舒适	0.60
		Cronbach's alpha	0.94

5.3.3 基于潜变量的分组

通过因子分析得到三个偏好因子，它们被作为分组变量对出行者进行聚类[75]。为了得到最优分组，分别将样本划分为 2～6 组，根据最终的聚类中心、迭代过程以及每组中的样本数，确定最终的分组数量为 3，此时的分组结果最具现实意义。根据各组在每种出行方式偏好因子上的得分对子群体进行命名，采用方差分析（analysis of variance，ANOVA）来对各子群体的方式偏好因子进行对比[82]，表 5.5 中的上标表示与该组存在显著差异的子群体的编号。

表 5.5 基于方式偏好分组的结果及组间对比

项目		子组 1	子组 2	子组 3
子组命名		公交组	小汽车组	电动车组
样本量（比例）		1560（25.4%）	2074（33.8%）	2504（40.8%）
偏好	公交	1.12[23]	−0.50[13]	−0.29[12]
	小汽车	−0.36[23]	0.99[13]	−0.60[12]
	电动车	−0.36[23]	−0.66[13]	0.77[12]

通过聚类分析法，所有研究对象被重新聚类为三组，每组都具备独特的心理

特征。并且，如表 5.5 所示，每个子群体都只对一种出行方式持有正面的态度，而对其他两种方式持负面的态度，据此它们分别被命名为公交组、小汽车组和电动车组，分别占总样本的 25.4%、33.8%和 40.8%。第一组，也就是样本量最小的一组，对公交有明显的偏爱，但对小汽车和电动车持有负面的评价。换言之，公交组在出行时倾向于选择公共交通，而会避开私人交通方式。同样道理，正如它们的组名一样，小汽车组和电动车组分别在小汽车与电动车偏好因子上的得分为正，分别为 0.99 和 0.77。

采用方差分析对三个子组进行两两对比，发现它们之间具有显著的统计差异性，如表 5.5 的上标所示，这在一定程度上证明了将总出行者样本聚类为三组的合理性。比如，在子组 1 的公交组对公交的偏好因子一行，上标"23"表示该组与子组 2 和子组 3 对公交的偏好程度存在显著差异，表 5.5 中所有的差异在 $p<0.05$ 时显著。

5.3.4 多群组特征对比

在进行建模之前，首先对分组后的样本直接进行描述，来确定各子群体的社会经济属性和活动-出行时间分配模式。需要说明的是，表 5.6 的主要目的是对这三个出行组的属性进行统计对比，确定它们之间是否存在显著差异，因此表中对于连续/有序变量仅给出了它们的均值。

表 5.6 各组出行者的描述性统计

属性	类别	解释	总样本	子组 公交组	子组 小汽车组	子组 电动车组
家庭月收入/元	Inc1（基准）	低于 2 001 元	3.7%	8.9%	0.7%	2.8%
	Inc2	2 001~5 000 元	34.4%	42.7%	17.6%	43.2%
	Inc3	5 001~10 000 元	43.0%	38.3%	49.4%	40.6%
	Inc4	10 001~20 000 元	18.3%	9.7%	30.8%	13.2%
	Inc5	高于 20 000 元	0.6%	0.4%	1.5%	0.2%
性别	Male（基准）	男	64.0%	59.4%	70.0%	61.9%
	Female	女	36.0%	40.6%	30.0%	38.1%
年龄	Age1（基准）	18~30 岁	25.4%	24.0%	29.9%	22.5%
	Age2	31~45 岁	44.8%	35.2%	49.1%	47.1%
	Age3	46~65 岁	27.0%	32.7%	20.5%	28.8%
	Age4	65 岁以上	2.8%	8.1%	0.5%	1.6%

续表

属性	类别	解释	总样本	子组 公交组	子组 小汽车组	子组 电动车组
学历	Edu1（基准）	小学或初中	30.9%	39.2%	16.3%	37.9%
	Edu2	高中	38.4%	37.7%	35.1%	41.4%
	Edu3	本科及以上	30.7%	23.1%	48.6%	20.7%
是否有孩子	Child1（基准）	没有孩子	30.4%	42.2%	24.5%	27.8%
	Child2	6岁以下	16.4%	12.2%	19.5%	16.3%
	Child3	7~18岁	31.1%	23.1%	34.7%	33.2%
	Child4	18岁以上	22.1%	22.5%	21.3%	22.7%
家庭人口	Fsize	人口数	2.78	2.62[23]	2.88[13]	2.82[12]
交通工具	Car	小汽车数/辆	0.82	0.32[2]	1.11[13]	0.30[2]
	E-bike	电动车数/辆	1.12	0.91[23]	0.78[13]	1.46[12]
活动-出行时间使用模式/分钟	Sub	生计活动	404.9	352.6[23]	419.9[1]	425.2[1]
	Main	维持活动	64.9	76.8[23]	57.7[1]	63.4[1]
	Rec	休闲活动	45.5	42.6[2]	51.8[13]	42.1[2]
	Trv	出行时间	51.7	51.7[2]	54.6[13]	49.4[2]

注：表中的上标表示在该变量上，与当前组存在显著差异的组别编号

采用合适的统计方法来对比各子组的社会经济属性以及行为特性是否存在显著差异。成对皮尔逊卡方检验（Pearson's Chi-squared test）用于各组间分类变量的对比，结果显示除了公交组和电动车组的性别构成无统计学差异之外，这三组间在其他所有的分类变量上存在明显不同。方差分析用于连续变量和有序变量的检验，如表 5.7 所示，公交组花费在生计活动上的时间明显低于其他两组，而其维持活动的时间明显偏高；小汽车组花费较长的时间在娱乐性活动以及出行上，可能是由于小汽车组的收入水平高于其他两组，他们有能力承担参与娱乐性活动的时间和成本，而出行时间也偏高，可能是由于他们会去比较远的地方参加各类活动。三组各自的属性及行为特征总结如下。

表 5.7 各组特性总结

	子组	社会经济属性以及活动-出行行为特征
1	公交组	在三组内，低收入人群（低于2 001元/月）的比例最高（8.9%）
		老年人的比例最高
		相当大一部分家庭（42.2%）没有孩子
		平均家庭人口数最低
		花费在生计活动的时间明显低于组2和组3
		花费在维持活动的时间明显高于组2和组3

续表

子组		社会经济属性以及活动-出行行为特征
2	小汽车组	在三组内，高收入人群（高于 10 000 元/月）的比例最高（32.2%） 性别构成与其他两组不同，男性的比例明显高于女性 三组之中最年轻的一组 将近一半（48.6%）的出行者有本科及以上的学历 超过一半（54.2%）的家庭有正在上学的孩子 平均家庭人口数最高 家庭小汽车拥有量明显高于公交组和电动车组 花费在休闲活动的时间明显高于组 1 和组 3 花费在出行上的时间明显高于其他两组
3	电动车组	大部分出行者属于中低收入水平，即 2 001～10 000 元/月 多数出行者（79.3%）仅具有高中或以下学历 将近四分之三的家庭有孩子 家庭电动车拥有量明显高于公交组和小汽车组 在大部分情况下，电动车组的属性水平处于公交组和小汽车组之间

通过多群组统计对比分析发现，外在客观的社会经济属性在子组之间存在明显差异。表 5.7 的结果显示这三组不仅在对各种出行方式的态度上有显著不同，而且这种态度上的差异进一步体现在实际的活动-出行行为上。以子组 2 小汽车组为例：①由于小汽车的购买和使用成本较高，收入较高的家庭或个人才能够负担，而收入又与教育水平有一定的正相关关系，因此小汽车组多为高学历或高收入者；②当前有大部分家庭购买小汽车是为了方便接送孩子或是小家庭出游，因此小汽车组多来自有孩子或是人口数较多的家庭；③男性对小汽车的偏爱程度比较高，可能是由于男性对速度、舒适、便捷等的要求更高，以及他们的控制欲比较强，而这些都是公交甚至电动车无法提供的，因此小汽车组中男性的比例达到 70%，比其他两组均高约 10%；④类似地，年轻人追求便捷、舒适、灵活，并且他们的探索欲很强，这是小汽车组比较年轻化的原因，而 65 岁以上老年人仅占 0.5%，可能是因为体力或购买能力的限制；⑤具备以上社会经济属性的人群愿意也有能力参加更多的休闲活动，从而他们花费在休闲活动上的时间明显偏高；⑥出行时间偏高，可能是因为小汽车所带来的方便性，小汽车组更愿意驱车前往更远的地方完成各类活动，出行距离的增加导致出行时间的延长。

由此可见，基于对各种出行方式偏好程度所进行的分组能很好地描绘分组后各组的特质，每一组出行者的社会经济属性以及活动-出行时间分配决策同他们对各类出行方式的偏好程度具有高度的一致性。

5.3.5 各子组活动-出行时间分配模式分析及对比

在将总出行者群体划分为三组后,采用多群组结构方程分析,一方面确定各子组内部外在解释变量、社会经济属性与内在被解释变量、活动-出行时间分配决策之间的结构关系,另一方面将该结构关系在三组之间进行对比。SEM 的模型表达式如 3.2.4 节所描述的,在此不作赘述,不同的是此处采用 ML 方法进行估计。三组采用相同的模型基础,各项拟合优度指标的值表示该模型非常好地拟合了数据:①χ^2/df=1.95<5,p=0.85;②RMSEA=0<0.05;③GFI=1.00>0.95;④AGFI=1.00>0.90;⑤CFI=1.00>0.97;⑥NFI=1.00>0.90。模型估计结果如表 5.8~表 5.9 所示,其中,①下标星号表示参数的显著性,"*"表示该估计参数在 $p\leqslant 0.05$ 的水平下显著,"**"表示该参数在 $p\leqslant 0.01$ 的水平下显著;②上标数字表示该组中此系数对应的变量之间的关系同其他哪(些)组存在显著差异。比如,公交组中,解释变量 Edu2 对被解释变量 sub 的作用系数的上标"2"表示该关系在公交组和小汽车组两组间存在显著性差异,所有的差异都在 $p\leqslant 0.05$ 的水平下显著。

表 5.8 多群组结构方程估计结果

变量	公交组 Sub	Main	Rec	Trv	小汽车组 Sub	Main	Rec	Trv	电动车组 Sub	Main	Rec	Trv
Edu2	0.03^2	0.02^2	-0.03^2	-0.02	0.23^{13}_{**}	0.12^1_{**}	-0.15^{13}_{**}	0.06^3_{**}	0.07^2_{**}	0.08_{**}	-0.07^2_{**}	-0.02^2
Edu3	0.13^2_{**}	0.02^{23}	-0.02^2	-0.03^2	0.40^{13}_{**}	0.16^1_{**}	-0.19^{13}_{**}	0.09^1_{**}	0.14^2_{**}	0.11^1_{**}	-0.05^2_{**}	0.03
Child2	0.03	0.01	-0.01	-0.02	-0.03	0	0.01	-0.02	-0.01	-0.03	0.02	0.01
Child3	0.07_*	-0.02	-0.02	-0.01	0.05	0.04	0.02	-0.01	0.01	-0.04	0.05_*	0.02
Child4	0.11^3_*	-0.02	-0.04^{23}	0.08^{23}_*	0.08_{**}	0	0.05^1_*	0.01^1_*	0.03^1	-0.06_*	0.04^1_*	-0.01^1
Age2	-0.07_*	0.07_*	-0.07^2_*	0.06	-0.02	0.01^3_*	0.03^1_*	0.05_*	-0.02	0.10^2_{**}	-0.01	0
Age3	-0.30^{23}_{**}	0.02	0.03	-0.04	-0.03^{13}	0.06^1	-0.03	0.01	-0.15^{12}_{**}	0.07_*	0.01	0
Age4	-0.37^2_{**}	0.03	-0.04	-0.06^3_*	-0.06^1_*	0.01	-0.02	0^3	-0.19_{**}	0.04_*	0	-0.08^{12}_{**}
Male	0.07_*	0.04	0.06^1_*	0.06^1_*	0.05	0.05	0.10^1_*	0.06^1_{**}	0.09^1_*	0.03	0.08_{**}	0.12^{12}_{**}
E-Bike	0.11^2_{**}	0.01	0.00^{23}	-0.03^3	0.01^1	-0.02	0.07^1_*	0.03	0.06^1	-0.05	0.13^1_{**}	0.05^1_*
Car	-0.03	-0.06^1_*	0.02^2	0.02^3	0.01^3	0.01^1	0.07^1_*	0.03^3_*	-0.05^2	-0.02	0.01	-0.05^{12}
Fsize	-0.16^{23}_{**}	-0.01	0.04^{23}	-0.08^{23}_*	-0.03^1	-0.01	-0.06^1_*	0.03^1_*	-0.05^1	0.04	-0.07^1_{**}	0.03^1
Inc2	0.13_{**}	0.13^{23}_{**}	0.07	0.09^1_*	0.10	-0.09^1	0.03	0.09	0.26_{**}	-0.20^1_{**}	-0.02	-0.07^1
Inc3	0.16_{**}	0.12^{23}_*	0.03	0.12^1_*	0.12	-0.13^1	0.10	0.04	0.18_{**}	-0.18^1_{**}	0.03	-0.09^1_*
Inc4	0.18_{**}	0.07^{23}_*	0.05	0.05^1_*	0.16	-0.12^1_*	0.12	-0.01	0.27_{**}	-0.12^1_{**}	0.02	-0.08^1_*
Inc5	0.03^2_*	0.02^{23}_*	-0.03	0.04	0.23^1_{**}	-0.07^1_*	-0.15^3_*	0.04	0.07	-0.04^1_*	-0.07^2_*	-0.02

表 5.9 各活动-出行时间分配决策间的作用关系

子组	内生行为变量	生计活动	维持活动	休闲活动
公交组	维持活动	−0.37**	—	—
	休闲活动	−0.50**²³	−0.14**²³	—
	出行时间	−0.02³	−0.17**²	0.01²
小汽车组	维持活动	−0.40**	—	—
	休闲活动	−0.61**¹³	−0.26**¹³	—
	出行时间	−0.03³	0.26**¹³	0.18**¹³
电动车组	维持活动	−0.37	—	—
	休闲活动	−0.58**¹²	−0.20**¹²	—
	出行时间	−0.13**¹²	0.09**²	0.02²

多群组结构方程分析的结果显示每组均表现出独特的时间分配决策机制。

(1) 公交组：大部分社会经济属性变量同维持活动时间之间的关系与小汽车组和电动车组两组存在显著差异。比如，对于公交组来说，四类收入水平均对维持活动的时间有正面的影响，并且随着收入水平的提高，收入与维持活动时间之间的关系逐渐变弱。然而小汽车组和电动车组的各类收入水平均对维持活动的时间产生消极作用。

(2) 小汽车组：大部分外在社会经济属性变量对生计活动以及休闲活动持续时间产生的影响与公交组和电动车组两组存在明显不同。比如，具有高中或本科以上学历水平的小汽车组分配在生计活动上的时间显著高于具备同等学历水平的公交组或电动车组。

(3) 电动车组：该组内社会经济属性对出行时间的作用效果明显区别于公交组和小汽车组。具体而言，性别对出行时间的影响更大。

内在行为变量，即生计活动、维持活动、休闲活动以及出行时间四类行为持续时间之间的结构关系如表 5.9 所示。

首先，三组之间存在某些共性。

(1) 对于所有子组来说，分配在生计活动上的时间对维持活动和休闲活动的时间有消极影响，并且对休闲活动持续时间的消极影响更加明显；进一步地，维持活动的持续时间对休闲活动也有消极影响，这些作用表示对于个体而言，由于时间资源的有限性，不可能完全随意地进行各项活动，对不同活动的时间分配决策存在一定的优先次序，即按照生计活动—维持活动—休闲活动的顺序进行。

(2) 生计活动对维持活动产生的消极影响在三组之间无显著差异，主要是由于这两类活动的进行均具备一定的规律性，即使是对于对各种方式持明显不同偏好的出行者来说，有些活动也是必须要准时进行的，并且必须持续固定的时间。

（3）总的来说，生计活动所持续的时间越长，出行时间越短；而维持活动和休闲活动持续时间越长，相应的出行时间也会越长。

其次，各类活动-出行时间分配决策之间的关系在公交组、小汽车组和电动车组之间也有一定的差异。

（1）如前所言，生计活动和维持活动均对休闲活动有负面的作用，这种作用的大小在三组之间明显不同，公交组内的负面作用最小（绝对值），而小汽车组内的负面作用最大（绝对值），这种差异性可能是由于休闲活动本身具有一定的随意性，分配在休闲活动上的时间更加容易受到各种因素的影响，包括个人的社会经济属性以及其他活动的持续时间。

（2）与公交组和小汽车组比，电动车组分配在生计活动上的时间对出行时间产生的消极作用更加显著。

（3）对于小汽车组和电动车组来说，维持活动对出行时间有正面的影响，也就是说，维持活动时间越长，出行时间越长，并且前者的影响更大。而公交组内该影响是负面的，公交组将时间主要用于进行维持活动，导致出行时间的减少。

（4）小汽车组内休闲活动对出行时间的正面作用明显高于其他两组，这可能是由于小汽车组在进行长时间的休闲活动时，倾向于去更远的地方，而对于其他两组，尽管他们也倾向于去较远的地方，但交通工具对他们的出行产生一定的限制。

5.3.6 小结

本节中将体现偏好异质性的潜在心理变量、群体细分以及 SEM 集成到一个统一的分析框架内，即建立三阶段模型，因子分析-聚类分析-多群组结构方程模型，来研究不同群体间时间分配决策的响应异质性。具体而言，因子分析从 24 个态度指标中提取出三个潜在变量，分别用于表示对于公交、小汽车和电动车这三种方式的偏好心理。基于这三个心理变量，采用聚类分析将研究对象划分为三组，每组具备不同的方式偏好组合。正如它们的组名所示，公交组、小汽车组和电动车组分别对公交、小汽车和电动车表现出正向的偏好，而对其他两种方式持负面的态度。而多群组统计分析也证实了每组具备特异的社会统计学特征和时间分配模式。最后，多群组结构方程模型的结果表明各组间对应变量之间的作用关系存在显著差异，从而直接证实了各组异质性的活动-出行时间分配决策机制。

5.4 基于潜在类别的通勤出行方式选择分析

5.4.1 研究内容

本节将采用另外一种方式对出行群体进行分组，即建立基于潜在类别的选择模型，即 LCCM 研究个体决策者在通勤出行方式选择过程中所表现出的响应异质性。在这种方式下，异质性的表示是根据出行者的个体属性特征，按照一定的概率将研究对象划分为几组，分析每个组在进行方式选择过程中，对不同方式及其属性的响应特点。

在之前对潜在类别模型的应用中，研究者多基于意向性偏好调查（stated preference survey），在这种方式下，被调查者在一组事先由研究者精心设计的选择项中进行选择，而选择项的属性也仅涉及时间、成本等客观因素。而本节采用显示性偏好调查（revealed preference survey），被调查者做出的选择就是他们在现实生活中的真实选择，同时将他们对各选择项某些属性的主观感受纳入模型中，以期更好地了解出行者的整个方式选择过程。此时，假定研究个体通过他们个人的经验或已有知识对各种出行方式都有较全面的了解，基于这种了解他们能够更好地对各种方式的指定属性做出很好的判断，从而帮助自身做出最终的决策。

5.4.2 基础数据与模型

1. 基础数据

建模数据来源于 2012 年绍兴县[①]居民出行调查，研究对象为个体出行者的通勤方式选择。与私人交通方式相比，公交单位面积的利用率非常高，被看作一种"绿色"的交通工具；在私人生活过程中，私家车的使用是 CO_2 的主要排放源[155]；交通管理者和政策制定者长期致力于降低小汽车的使用，以及增加公交的分担率；此外，电动车作为一种介于机动化和非机动化之间的交通方式，缺乏具体的驾驶规范，其大规模使用增加了道路交通的压力以及混乱程度。因此，为了营造一个结构清晰、有序运行的交通环境，对私人交通工具的规范管理以及公共交通方式的大力倡导是十分必要的，将出行方式限定为电动车、公交和小汽车。这三种方式占到了研究地区所有通勤出行方式的 70%，这也从其他方面支持了这三种出行方式的重要性。在对原始数据进行清理和规范后，研究对象共包括 6594 名通勤者，

---

① 2013 年 10 月 18 日，国务院国函〔2013〕112 号文件批复浙江省人民政府请示，同意撤销县级绍兴县，设立绍兴市柯桥区，行政区域不变（孙端、陶堰、富盛三镇除外）。

他们的描述性统计分析如表 5.10 和表 5.11 所示。

表 5.10　类别变量的统计描述

变量	类别	比例
性别	女	45.6%
	男	54.4%
学历水平	初中或以下	43.5%
	高中	27.6%
	本科或以上	28.9%
年龄	≤30 岁	15.0%
	31～45 岁	67.8%
	46～60 岁	13.7%
	≥61 岁	3.5%
个人月收入	低于 2001 元	14.7%
	2001～5000 元	58.1%
	高于 5000 元	27.2%
家里是否有孩子	没有孩子	16.2%
	小于 6 岁的孩子	11.2%
	6～18 岁的孩子	63.6%
	18 岁以上的孩子	9.0%
通勤方式	电动车	50.4%
	公交	8.4%
	小汽车	41.2%

表 5.11　连续变量的统计描述

变量		最大值	最小值	均值（标准差）
家庭人口数		7	1	3.33（0.98）
家庭私人交通工具/辆	小汽车	4	0	0.73（1.13）
	电动车	4	0	1.31（1.48）

如表 5.10 和表 5.11 所示，男性的比例高于女性，几乎一半的出行者仅有初中或以下学历；大部分的出行者处于中高收入水平，即 58.1%的月收入为 2001～5000元，27.2%的个体月收入超过 5000 元；67.8%的样本介于 31 岁和 45 岁之间；家庭小汽车和电动车的平均拥有量分别为 0.73 辆和 1.31 辆；大约一半的通勤者选择电动车，41.2%选择小汽车，而仅有 8.4%选择公交作为通勤方式。

2. LCCM

LCCM 包括分组模型和选择模型两部分，假定根据某特定的概率分配模型，研究对象可以被划分为一定的组数，并且每组具备同质的偏好，模型框架如图 5.7 所示。

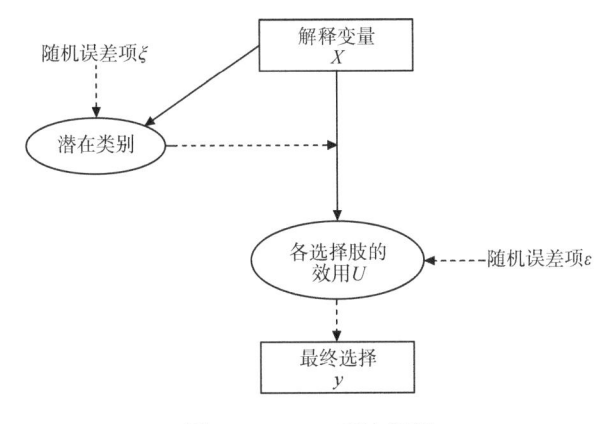

图 5.7 LCCM 理论框架

在 ICLV 模型中，连续的潜变量直接作用于各选择肢的效用函数，而在 LCCM 中，潜在类别被看作特殊类别的潜变量，即它们是分类变量，每一类代表一个潜在类别，这些潜在的组别对效用函数的作用是间接的，体现在不同组别效用函数中同一变量所对应系数的差异上，如图 5.7 所示，从"潜在类别"出发的虚线，指向从"解释变量 X"到"各选择肢的效用 U"的实线，表示不同组别之间，效用函数中变量的参数值可能存在差异[156]。

用 $P_i(s)$ 表示个体出行者 i 属于子群组 s 的概率，并且满足条件 $0 \leqslant P_i(s) \leqslant 1$ 和 $\sum_{s=1}^{S} P_i(s) = 1$。一般假定分组模型采用多项 logit 模型的形式，因此：

$$P_i(s) = \frac{\exp(\lambda_s' Z_i)}{\sum_{s'}^{S} \exp(\lambda_{s'}' Z_i)} \tag{5.2}$$

其中，Z_i 为一组个体出行者的社会经济属性，它们被用来定义子群体；λ_s 为子群体 s 特定的参数，在估计的过程中，某一子组需要被选定为参照组，因此，只有 (s–1) 组参数值可以被确定。

在个体出行者 i 属于子群组 s 的条件下，个体出行者 i 选择方式 j 的效用函数可以表示为

$$U_{ij|s} = \alpha_s + \beta_s' X_{ij} + \varepsilon_{ij|s} \tag{5.3}$$

其中，α_s 为每组特定的常数项；X_{ij} 为每种出行方式的属性，在该部分的分析中，X_{ij} 不仅包括客观的出行时间和出行成本，还包括出行者对各出行方式舒适性、安全性等属性的主观评价；β'_s 为每组特定的参数值；$\varepsilon_{ij|s}$ 为每组效用函数中的随机误差项，服从 I 型极值分布。因此，个体出行者 i 选择方式 j 的条件概率表示为

$$P_i(j|s) = \frac{\exp(\alpha_s + \beta'_s X_{ij})}{\sum_{j'}^{J} \exp(\alpha_s + \beta'_s X_{ij'})} \quad (5.4)$$

将式（5.2）和式（5.4）结合起来，得到个体出行者 i 选择方式 j 的非条件概率，如式（5.5）所示，即 s 个组选择概率的加权和，权重为个体出行者 i 属于每个组的概率。

$$P_i(j) = \sum_{s=1}^{S} P_i(j|s) \times P_i(s) \quad (5.5)$$

在真正构建 LCCM 之前，根据贝叶斯信息量准则（Bayesian information criterion，BIC）和有限赤池信息量准则（constrained Akaike information criterion，CAIC）来确定最佳的分组数[115, 157]。

$$\begin{aligned} \text{BIC} &= -2\ln L + m\ln N \\ \text{CAIC} &= -2\ln L + m(1 + \ln N) \end{aligned} \quad (5.6)$$

其中，$\ln L$ 为对数似然函数值；N 为样本量；m 为待估参数的个数。由于待估参数的个数反映了模型的复杂程度，而对数似然函数的值反映了模型对数据的拟合程度，BIC 和 CAIC 对这两个方面指标进行了综合。最终得到的 BIC 和 CAIC 的值越小越好。

5.4.3　模型估计结果及分析

在进行最终的模型估计之前，需要事先确定组数。表 5.12 中给出了当分组组数为 2~5 时，对数似然函数以及信息准则 CAIC 和 BIC 的取值。

表 5.12　不同组数的统计数值

组数	对数似然值	BIC	CAIC
2	−4 980.83	10 111.15	10 128.15
3	−4 886.72	10 002.07	10 028.07
4	−4 863.71	10 035.21	10 070.21
5	−4 845.25	10 077.43	10 121.43

根据表 5.12 中各准则的取值,从统计学的角度分组组数应当确定为 3。在表 5.13 和表 5.14 的估计结果中,括号内数值表示 t 统计量,上标"**"表示该估计参数在 $p \leqslant 0.01$ 的水平下显著,上标"*"表示估计参数在 $p \leqslant 0.05$ 的水平下显著,"—"表示该参数在 $p \leqslant 0.10$ 的水平下不显著。

表 5.13 组数为 3 时,不考虑分组变量的模型估计结果

变量			LCCM		
			组 1	组 2	组 3
选择模型		常数项_公交	−4.41**(−5.09)	—	—
		常数项_小汽车	−1.04**(−3.88)	−1.91**(−4.67)	−1.37**(−3.66)
	客观属性	出行时间/分钟	—	−0.05**(−3.65)	—
		出行成本/(元/月)	—	—	—
	感知属性	舒适性	0.68**(5.78)	0.42**(3.76)	0.32**(3.76)
		方便性	0.42**(4.36)	—	0.73**(6.32)
		安全性	0.40*(2.15)	0.37**(2.34)	0.32**(4.03)
		感知成本	1.14**(5.27)	—	—
分组模型					

此外,为了从现实意义的角度支持组数为 3 的决定,表 5.13 中给出了当没有任何分组变量时模型的估计结果,其中,样本容量 N=6594。

为了证实 LCCM 的优越性,多项 logit 模型以及混合 logit 模型也进行了标定。LCCM 不仅能够考虑在选择决策中,个体间对特定选择项以及相关属性的响应异质性,还能用分组模型来解释这种异质性的来源,而多项 logit 模型和混合 logit 模型无法同时做到这两方面。

在选择模型中,不仅包括客观的出行时间和出行成本,同时考虑了出行者对各种方式相关属性的主观感受或评价。以方便性为例,在问卷调查和填写的过程中,被调查者需要在他们对各种交通方式的方便性上做出评价,并进行打分,分值为 1~5,表示对方便性的评价从最低到最高。余下的三类属性同理,分别为"很不舒适"~"很舒适""很不安全"~"很安全",以及"太贵了"~"很便宜"。模型估计结果如表 5.14 所示,其中样本容量 N=6594,注意表 5.14 中的上半部分对应的是多项 logit 模型、混合 logit 模型及 LCCM 的选择模型部分的估计结果,而下半部分对应的则是 LCCM 的分组模型部分的估计结果。

表 5.14　不同模型的估计结果

变量			多项 logit 模型	混合 logit 模型		LCCM		
				均值	标准差	组1	组2	组3
选择模型		常数项_公交	−1.67** (−29.95)	−1.69** (−27.00)	—	−3.31** (−10.26)	−1.40** (−5.94)	1.70** (3.19)
		常数项_小汽车	−1.02** (−17.37)	−1.29** (−15.40)	—	−4.00** (−13.61)	0.85** (5.24)	−7.78** (−3.08)
	客观属性	出行时间/分钟	−0.01** (−3.72)	−0.01** (−4.16)	0.01** (2.80)	−0.02** (−3.26)	−0.03** (−5.71)	0.01** (2.72)
	客观属性	出行成本/(元/月)	0** (14.71)	0** (11.81)	0** (6.75)	—	0** (5.73)	0* (2.35)
	感知属性	舒适性	0.40** (16.17)	0.45** (12.01)	0.26* (2.19)	0.55** (5.09)	0.44** (6.80)	0.47* (2.50)
		方便性	0.31** (15.78)	0.37** (10.68)	—	0.24** (2.72)	0.29** (5.34)	1.10** (5.37)
		安全性	0.31** (12.55)	0.33** (11.14)	—	0.22 (1.88)	0.24** (3.52)	0.59** (3.08)
		感知成本	0.13** (5.75)	0.17** (6.29)	—	0.34** (3.28)	0.11 (1.69)	—
分组模型——潜在类别模型		样本比例				44.4%	46.3%	9.3%
		每组特定的常数项				—	−3.85** (−7.08)	
	性别（女性为基准）	男性				−0.49* (−2.53)	1.52** (7.63)	
	学历（初中或以下为基准）	高中				−0.91** (−4.26)	−0.68** (−3.01)	
		本科或以上				−1.02** (−3.94)	−0.48 (−1.89)	
	年龄（低于30岁为基准）	31~45 岁				1.30** (4.78)	—	参照组
		46~60 岁				1.07** (3.26)	—	
		≥61 岁				1.00** (2.58)	—	
	个人月收入（低于2 001元为基准）	2 001~5 000 元				—	0.71** (2.93)	
		高于5 000 元				—	1.39** (4.55)	
	是否有孩子（没有孩子为基准）	6~18 岁的孩子				0.89** (3.00)	0.91** (2.53)	
		18 岁以上的孩子				0.69** (3.35)	0.58 (1.85)	

续表

变量		多项 logit 模型	混合 logit 模型		LCCM		
			均值	标准差	组 1	组 2	组 3
分组模型——潜在类别模型	家庭人口数				−0.16* (−1.96)	−0.25** (−2.61)	参照组
	小汽车				−0.73** (−3.16)	5.06** (12.31)	
	电动车				1.46** (9.57)	—	
BIC		10 121.43	10 078.57		7 112.32		
CAIC		10 067.08	9 983.46		6 759.04		
McFadden's R^2		0.306	0.313		0.45		
对数似然函数值		−5 025.54	−4 977.73		−3 327.52		
似然比		4 437.41	4 535.74		5 468.36		

在多项 logit 模型、混合 logit 模型和 LCCM 中，LCCM 的信息准则 BIC 和 CAIC 均为最小，证实了该模型在统计意义上的优越性。多项 logit 模型假定个体间是同质的，忽略了它们对选择项及相关属性的响应异质性，无法全面了解个体的行为决策。至于混合 logit 模型，它通过假定选择项属性的系数不是固定的，而是服从特定分布来考虑响应异质性的存在，以及它对选择行为的影响；在本节中，假定系数服从正态分布，如表 5.14 所示，客观属性出行时间以及感知属性舒适性感知的标准差在 $p \leqslant 0.01$ 时显著，证实了出行时间以及交通方式的舒适性对通勤者方式选择决策产生的影响确实是不同的，然而，混合 logit 模型却无法对这种差异性的来源做出解释，换句话说，这种结果的现实意义有限。这两类模型的局限性也间接促进了潜在类别模型的应用，一方面，通过将所有研究对象按照一定的概率划分为几组来分析响应异质性的存在，组间表现出都明显不同的属性、态度及行为特征；另一方面，分组过程是基于个体的社会经济属性进行的，这很好地解释了异质性的来源。

1. 各组概述

在选择模型的标定过程中，电动车被指定为基准选择项。选择模型中每个子组内各种出行方式特定常数项的符号为每个子组的行为模式提供了相当直观的展示。而且在后续的分析中，这种子组特定的行为模式被证实与他们各自的通勤方式选择以及社会经济属性存在高度的关联和一致性。具体而言，相对于电动车而言，组 1 中对应于公交和小汽车的常数项均为负值，可认为该组对电动车存在本质的偏好，因此该组被命名为电动车组。同理，组 2 和组 3 分别被命名为小汽车组和公交组，因为对应该交通方式的常数项均为正值，表现出他们对特定方式的固有喜爱。这三组所占总通勤者样本的比例分别为 44.4%、46.3%和 9.3%，与表 5.14 中实际的各通勤方式份额相当，从一个方面证实了模型的有效性。

2. 分组模型

在详细分析各组内选择项属性对方式选择决策的影响之前，确定各组的社会经济特性尤为重要，这有助于对选择行为的解释。组 3 公交组被选定为参照组。如表 5.14 所示，电动车组更倾向为女性、学历水平较低——仅为初中或以下、年龄在 31~45 岁，同时，这类通勤者非常可能来自有更多电动车和极少或没有小汽车的家庭；然而，收入变量相关的系数均不显著。至于组 2，随着家庭小汽车数量的增加，通勤者更倾向于属于小汽车组，如 Ma 等[158]所解释的，小汽车数量的增加使通勤者有更多的机会接近并使用小汽车；男性更可能属于小汽车组，可能是由于他们更喜欢自由、变化以及小汽车所彰显的社会地位；相对于低收入者，月收入 2000 元以上的通勤者更可能属于小汽车组，可能是因为他们有足够的经济能力承担使用小汽车所产生的费用，更重要的是，随着收入水平从 2001~5000 元增加到超过 5000 元，相应的系数也从 0.71 增加至 1.39，表示收入更高的人群具备更强的经济实力，可以更加任意地使用小汽车。高中或以上的学历水平降低了通勤者属于电动车组和小汽车组的可能性，并且前者的负作用更加明显。然而对于这两组而言，产生这种类似结果的原因却可能是不同的。具备高中或以上学历水平的通勤者可能觉得骑电动车上班会没有面子，然而这种学历水平的人很可能具备更高的环保意识，这降低了他们使用私人小汽车的意愿。此外，有孩子的通勤者更可能是电动车组和小汽车组，表明这些人偏好私人交通方式，或许是由于使用私人交通工具更加方便接送孩子上下学。综上，社会经济属性能够有效地解释不同组内出行者的对各种方式的响应异质性。

3. 选择模型

LCCM 的选择模型部分的效用水平表示为客观的出行时间和出行成本，出行者感知属性水平包括方便性、舒适性、安全性和感知成本。正如所期望的，对各选择项特定属性的响应在三个组内存在显著差异。

首先，对电动车组和小汽车组来说，出行时间对通勤方式有副作用，然而该作用在公交组内为正。据此可以把电动车组和小汽车组认定为"时间敏感型"，该现象十分容易理解，与公交相比，电动车和小汽车都属于私人交通工具，它们能够帮助个体出行者直接到达目的地，而乘坐公交则需要经过步行至公交车站、等待、乘坐、换乘、步行至目的地等一系列步骤，因此，电动车组和小汽车组偏好电动车与小汽车的原因可能就是希望这两种方式能够帮助他们节省出行时间；出行时间对公交组的正效应可以被解释为他们可以在乘坐公交的时候欣赏沿路的风景，或是进行其他活动如读书和聊天，然而对电动车组和小汽车组来说，时间才是他们最关心和看重的。至于出行成本，在三组中它的系数都不显著，可能是由于所研究的地区（原绍兴县）地域面积有限而经济高度发达，人们的生活水平较高，与收入相比，通勤所产生的费用微乎其微，因此当地的通勤者对客观出行成本的敏感性可以忽略。

其次，电动车组和小汽车组在选择通勤方式时，更加关注舒适性，可能是由于使用私人交通工具可能帮助他们避开公交车内拥挤或脏乱的环境。对于电动车组来说，他们对安全性的敏感度比较低，该属性的系数仅在10%的水平下显著。在当今情况下，很多的电动车使用者不遵守交通规则，不注意行驶的安全性，这在一定程度上加剧了整个交通系统的混乱和危险程度。感知成本的高低基本对小汽车组的方式选择决策没有影响，这部分人群较少受到经济能力的束缚，正如在分组模型中收入所产生的作用一样。而对于公交组，相关的结果与电动车组和小汽车组大相径庭。所有的"软"属性包括舒适性、方便性和安全性都对该组的通勤方式选择有非常重要的影响。尽管在公交组内，感知成本的作用仍然不显著，然而该结果具备一定的实际意义，因为通常情况下，选择公交作为通勤方式的出行者受到该方式的束缚，他们别无选择只能采用这种方式，对于公交票价他们也只能接受。

最后，通过对比客观属性与感知属性对应系数的大小可知，对于任何一个子组而言，感知属性水平对通勤方式选择的影响更加显著，这也进一步证实了在行为决策过程中内在个人态度、感知而非外在客观属性的重要性。以出行成本为例，当进行通勤方式选择时，决策者并不十分关心他们真正花费在出行上的金钱；然而，当被问到他们对出行成本的感觉时，结果显示更低的感知成本对大部分通勤方式的选择决策均有显著促进作用。

5.4.4 后验分组下各组的特质

为给各组间对各出行方式偏好程度的异质性提供一个更加坚实的解释和支持，对整个出行者样本进行后验分组。在确定个体出行者属于每个子组的概率后，将每个出行者划分到其具有最大隶属概率的组内[159]。后验分组下每组的社会经济属性、态度感知如表5.15～表5.17所示，这有助于理解分组模型中各解释变量的作用。

表 5.15　后验分组下各组的特性统计分析（一）

社会经济属性		电动车组（46.7%）	小汽车组（46.1%）	公交组（7.2%）
性别	女	52.6%	37.2%	53.4%
	男	47.4%	62.8%	46.6%
学历水平	初中或以下	60.3%	28.7%	29.0%
	高中	25.6%	28.7%	33.5%
	本科或以上	14.1%	42.6%	37.5%
年龄	≤30 岁	10.2%	16.5%	36.2%
	31～45 岁	67.8%	71.9%	41.5%
	46～60 岁	17.4%	9.9%	13.8%
	≥61 岁	4.6%	1.7%	8.5%
个人月收入	低于 2001 元	21.7%	6.4%	22.0%
	2001～5000 元	66.3%	48.8%	64.6%
	高于 5000 元	12.0%	44.8%	13.4%
家里是否有孩子	没有孩子	13.3%	15.5%	39.2%
	小于 6 岁	9.1%	13.9%	8.1%
	6～18 岁	67.2%	63.5%	41.1%
	18 岁以上	10.5%	7.1%	11.6%
通勤方式	电动车	96.2%	10.8%	6.3%
	公交	2.1%	1.7%	92.8%
	小汽车	1.7%	87.5%	0.9%

表 5.16　后验分组下各组的特性统计分析（二）

社会经济属性		电动车组（46.7%）	小汽车组（46.1%）	公交组（7.2%）
家庭人口数		6 / 1 / 3.4（1.0）	6 / 1 / 3.3（0.9）	6 / 1 / 3.0（1.1）
私人交通工具/辆	小汽车	1 / 0 / 0.2（0.4）	6 / 1 / 1.3（1.4）	2 / 0 / 0.4（0.5）
	电动车	5 / 0 / 1.7（0.9）	4 / 0 / 1.0（0.8）	3 / 0 / 0.9（0.7）

注：表中数值分别为最大值/最小值/均值（标准差）

表 5.17　后验分组下各组的特性统计分析（三）

态度指标	电动车组（46.7%）			小汽车组（46.1%）			公交组（7.2%）		
	E	C	B	E	C	B	E	C	B
喜好水平	3.9（0.9）	3.2（1.1）	2.7（1.0）	3.0（1.0）	3.8（0.9）	2.7（1.0）	3.0（1.0）	3.6（1.0）	3.3（1.0）
满意水平	3.9（0.8）	3.3（1.0）	2.8（1.1）	3.2（0.9）	3.7（1.0）	2.7（1.0）	3.1（0.9）	3.6（1.0）	3.1（1.1）
熟悉程度	3.7（1.0）	2.3（1.1）	2.6（1.0）	2.7（1.2）	3.8（1.0）	2.4（1.0）	2.6（1.2）	2.5（1.1）	3.4（1.1）

续表

态度指标	电动车组（46.7%）			小汽车组（46.1%）			公交组（7.2%）		
	E	C	B	E	C	B	E	C	B
是否容易放弃	3.5 (1.2)	2.3 (1.1)	2.6 (1.1)	2.5 (1.1)	3.5 (1.1)	2.4 (1.0)	2.5 (1.1)	2.4 (1.1)	3.2 (1.2)
过去使用频率	4.2 (1.0)	2.1 (1.1)	2.7 (1.1)	2.9 (1.2)	3.8 (1.2)	2.5 (1.2)	3.0 (1.2)	2.5 (1.2)	4.0 (1.0)
将来使用意愿	4.1 (0.8)	3.2 (1.1)	3.1 (1.1)	3.3 (1.0)	4.1 (0.8)	3.0 (1.0)	3.2 (1.0)	3.6 (1.1)	3.7 (0.9)

注：①E 为电动车，C 为小汽车，B 为公交；②表中数值表示为均值（标准差）；③态度指标的最大值均为 5，最小值均为 1，因此表中没有给出这些态度指标的最大值和最小值

很显然，后验分组下各组的属性水平与潜在类别模型中分组模型的结果高度一致。例如，与电动车组和公交组相比，小汽车组中更多的是男性——62.8%，高收入——44.8%，以及家庭小汽车数较多——1.3。这些特性都表明小汽车组可能希望具备更高的社会地位，对灵活性和自由的要求更高，而这些要求大部分情况下只能由小汽车提供，而非公交或电动车。在对潜在类别模型的分组模型估计结果进行解释的时候，已经详细介绍了各组的社会经济属性特征，在此仅关注它们的主观态度属性，为组间异质性提供额外的解释。一般而言，后验分组下的每一组都对某特定的属性具备心理上的依附性。比如，相对于小汽车和公交，电动车组对电动车这种方式有更高的喜好度、满意度、熟悉度、使用频率、意愿、更难放弃，这也是该组中电动车通勤比率特别高（96.2%）的原因，这种方式选择决策可归因于收入水平以及小汽车拥有量的限制。

5.4.5 小结

基于潜在类别的分组模型根据出行者的社会经济属性将他们分为三组，各组间表现出高度差异化的行为模式，而选择模型结果表示每个组对各种属性的响应异质性。电动车组对电动车这种出行方式具有强烈的偏好，该组主要由年龄处于 31 至 45 岁之间、学历水平较低、家里有孩子和较多辆电动车的女性组成，他们在进行出行方式决策过程中，非常看重舒适性，而对安全性的考虑较少；在所分析的属性中，小汽车组最为重视舒适性，对出行成本的敏感程度非常低；而公交组极为看重出行方式的方便性，感知的出行成本对他们的方式选择决策几乎没有影响，一方面是由于当地较低的公交票价，另一方面可能是由于他们对公交票价并无实质性的影响力，只能被动地接受，而无法改变。此外，与出行时间相对应的系数表示公交组对时间是不敏感的，可能是此类人群享受乘坐公交的过程，他们可以在乘车的过程中进行一些休闲类的活动。相对地，电动车组和小汽车组都

属于时间敏感型人群。最后，与各选择项属性相对应的系数显示，感知的属性水平在方式选择决策中发挥的作用要大于客观的出行时间和成本，比如，实际的出行成本对方式选择的影响几乎为零，然而感知的成本水平却发挥着很重要的影响，这种结果突出了创建一个更加舒适、便捷、安全和便宜的公共交通系统的重要性。Pronello 和 Camusso[160]及 Lee 等[161]也强调了人们的方式感知心理对他们方式选择行为的重要影响。

5.5 本章小结

本章主要从响应异质性的角度对个体出行者在活动–出行决策过程中的异质性进行了诠释，即根据目标研究行为的特性，选择最合适的分组方式，进而分析每组独特的决策机制。

基于行为特征的确定性分组，从时间角度挖掘上海市摩拜单车一个星期骑行数据背后隐藏的模式和规律。统计结果显示，工作日和周末的骑行行为存在显著差异，工作日呈现两个明显骑行高峰时段，周末的骑行分布则比较均匀。在区分工作日和周末的基础上，根据骑行行为对每日的骑行者进行分类，每组骑行者均表现出独特的骑行开始时间和骑行时长。基于周中的一天与骑行开始时间，以及周中的一天与骑行时长这两个组合分别计算 HHI，证实共享单车骑行高度的时间规律性；周中的一天与骑行开始时间组合的 HHI 数值具有更大的标准差，显示了共享单车的灵活性。对共享单车骑行模式的探究，能够在一定程度上促进城市交通系统的持续改善，吸引更多出行者使用绿色交通方式。

基于潜变量组合的确定性分组，分析连续的时间分配决策。通过这种分组方式得到的各子组之间在社会经济特征、对各种出行方式的心理性偏好以及各项活动和出行上的时间花费，均存在显著性差异。并且，通过多群组结构方程分析发现各组出行者的生计活动、维持活动、休闲活动和总出行所消耗的时间或者受到不同因素的影响，或者受到来自相同因素的不同程度的影响。这种响应异质性可由每组特定的心理因素进行解释，这也是这种分组方式的优势[82]。这种结果表明为了确保政策的有效性，必须针对特定的人群进行交通需求管理政策的设计，而不能面向整个人群，没有关注的焦点。此外，之前的很多研究都基于外在的属性对出行群体进行分类，如常见的性别、年龄和收入，然而这种方法无法充分解释产生这种差异化的行为特征的内在原因。相对地，潜在分组方式对于特定的出行人群，定制出行需求管理的"软"措施有很重要的指导意义。因此，因子分析–聚类分析–多群组结构方程有助于具备特定心理特征的出行群体的确定，一旦分组被确定，就能够有效地预测各组对不同类型政策的反应。当然，直接作用于出行者个体对特定方式的心理态度和感知的"软"[82]政策在行为引导上更加有效。

基于潜在类别的概率性分组，则用于离散型决策变量的建模。通过对多项 logit 模型、混合 logit 模型和 LCCM 的估计结果进行对比，证实了 LCCM 的优越性。与传统的选择模型不同，在本章中不仅考虑了各种出行方式客观的出行时间和出行成本，还包含能够反映它们特征的主观属性，即出行者对舒适性、安全性、方便性和感知成本的评价。这能够为交通需求管理政策的制定和交通系统规划提供指导，管理者需要根据不同人群特异的响应模式进行管理政策的定制。比如，电动车组和小汽车组这两组都十分关注出行方式的舒适性，因此提供一个令人愉快的公交乘车环境，如干净整洁、低噪声以及平稳的驾驶，对促使电动车组和小汽车组使用公交最为有效；对公交组而言，出行过程的方便性对他们最为重要，结构清晰、衔接严密的公交线路有助于改善乘坐公交的方便性，从而保证该组继续选择公交出行。此外，电动车组对安全性的考虑不足，这也是导致目前当地混乱的交通秩序的一个主要原因，为了改善交通环境的秩序和安全，建议管理当局采取有效的措施来对他们的行为进行规制；感知的出行成本对电动车组十分重要，通过采用季票或换乘折扣等方式来降低乘坐公交的成本，能够增加他们选择公交的概率。

第6章 集成潜变量和确定性分组的绿色出行行为决策研究

6.1 引言

作为最大的发展中国家,中国已成为全球领先的新车交易市场和二氧化碳排放大国。交通事故频发、交通拥堵加剧、空气质量堪忧、城市出行环境恶化,直接导致居民日常出行的幸福感(well-being)不断下降。各地政府部门致力于推广环境友好的绿色交通出行方式,包括步行、自行车以及公共交通,以期缓解城市交通压力,促进城市交通系统乃至整个城市的可持续发展。在此背景下,理解个体的绿色出行决策制定至关重要,能够帮助城市交通管理者制定有效的管控政策,更好地满足城市居民的出行需求。

本章研究将心理学领域的情感态度-认知态度协同性与社会学领域的 TPB 进行集成,深度挖掘城市居民的绿色出行决策。来自 TPB 的潜变量用于解释偏好异质性对绿色出行行为决策的影响,情感态度-认知态度协同性的调节作用从确定性分组的角度刻画决策机制的响应异质性。

6.2 基于 TPB 的模型框架

作为用于解释人类行为的一个极其精练的理论模型,TPB 被广泛应用于人体健康、市场营销、教育等社会学领域。该理论模型的核心理念是人们的实际行为直接由他们的行为意愿决定,而该行为意愿又受到总体态度、社会规范和感知的行为控制这三个因素的影响。

具体而言,行为意愿是个体对于执行某项行为的意愿的强度的表征[103]。总体态度用来反映个体对于执行该行为的主观评价,如开心或悲伤、支持或反对、有用或无用。行为态度越积极,执行该行为的意愿就越强[162]。社会规范指的是"对于执行或者不执行某项行为,所感知的社会压力"[103],它跟个体决策者感知到的对他（她）很重要的人的期望相关，对行为意愿有正面影响[163, 164]。至于感知的行为控制，它的加入使得早期的理性行为理论（theory of reasoned action，TRA）[165, 166]扩展为 TPB，反映了人们所感知到的对于执行某行为，来自各方面的限制，既有外在因素，也包括个人能力和经验，简单来说，就是个体感知到的某行动的难易程度。以出行方式选择为例，如果个体对于某种交通方式持有很积极正面的态度、感受到来自身边乃至社会的压力要使用这种方式，以及确信自己有足够的能力和资源，那么他（她）就会形成很强烈的选择该种方式的意愿。此外，当感知的行为控制能够确切地反映真实的行为控制时，该因素对最终的选择行为也会有直接的影响[103]。

在传统的 TPB 下，行为意愿是影响选择行为的最显著的因素。在不考虑习惯因素的作用时，尽管 TPB 对重复的通勤方式选择也能够提供很好的解释，但可能过高地估计了这种行为的计划性[167]。对于通勤出行方式选择而言，在不变的情境下，它几乎发生在每个工作日的相同时段，这种极高的重复度使得通勤方式的使用成为一种习惯性行为，它在长时间内是保持稳定的[168]。人们在特定的情境下会自动地选择某种方式，而不需要经过深思熟虑。在这种情况下，这种过去经常进行的习惯性行为就成为现在乃至将来相同行为的重要决定因素[169, 170]。在交通研究领域，出行方式选择到底是无意识的决策行为还是一个需要经过慎重考虑和计划的过程，在这个问题上，学者还未达成共识。一个较普遍的结论就是习惯和行为意愿对行为的影响是成反比的：当习惯比较微弱时，行为意愿的作用显著，而极强的习惯对行为意愿向实际行动的转化有干扰作用[171]。部分学者发现当某种交通方式的使用成为习惯时，态度和行为意愿对出行方式决策行为的影响不再显著[172, 173]；也就是说，这种无意识的自动行为，如习惯性地选择某种方式，独立于人们的态度，甚至在某些情况下会偏离想要执行的行为。Hutton 和 Ahtola[174]、Ramos 等[175]认为，这是一些试图通过转变人们的出行态度来改变实际交通出行行为的引导政策没有达到预期效果的一个重要原因。Møller 和 Thøgersen[176]发现小汽车使用习惯对公交使用意愿的实现起到了明显的阻碍作用，进而 Thøgersen 和 Møller 通过实验证实，给小汽车司机免费提供一个月的公交卡，可以显著刺激他们的公交使用行为，并且能够缓解他们小汽车使用习惯在公交选择上的负作用，然而这种短期的经济刺激并不能彻底改变他们的小汽车使用习惯，最基本的促进公交使用量的方式仍然是"在合理的价格下提供优良的服务"。

另外，行为意愿对实际行动的影响大小以及是否显著依赖于习惯因素，即习惯在行为意愿-实际行动的关系中起到了调节变量的作用，进而对于具备不同出行方式使用习惯的群体，他们的方式决策过程会表现出明显的异质性。在之前的研究中，学者主要通过两种方式来研究出行方式使用习惯所引发的方式选择决策的异质性：①在行为模型中，除了单独的习惯和 TPB 变量外，还构建行为意愿和习惯的交互项，进而确定习惯的调节作用[177]；②根据习惯的强度对群体进行分组，研究每组中 TPB 的适用性。Eriksson 等[178]证实通过要求出行者在进行出行方式决策之前对各种可行方式进行考虑，可以在一定程度上扰乱他们的小汽车使用习惯，从而降低小汽车的使用量，并且该措施对于小汽车使用习惯较强的出行者的作用更为明显。Klöckner 和 Matthies[179]认为对于交通工具使用习惯强度不同的人群，引导他们出行方式选择的调控措施应该进行差异化设计。

已有大量研究关注绿色出行行为的心理决定因素。该研究基于 TPB 研究城市居民绿色出行决策过程，同时考虑情感态度-认知态度协同性在该过程中的调节作用，研究假设如图 6.1 所示。

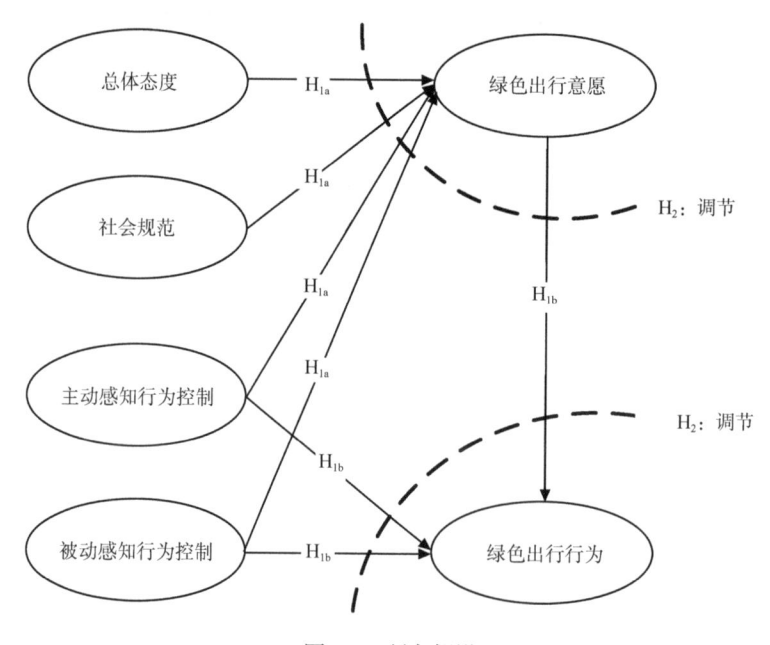

图 6.1 研究假设

H_{1a}：TPB 相关预测因子，包括对减少驾驶的态度、关于绿色出行方式的社会规范和感知的行为控制，对人们使用绿色出行方式的意愿有正向影响。

H_{1b}：绿色出行方式的感知行为控制和使用意愿对人们的绿色出行行为有显著的正向影响。

H_2：以上两个假设中的所有作用关系随情感态度-认知态度协同程度而变。

6.3 样本数据和变量

6.3.1 调查问卷和样本数据

样本数据来源于 2015 年 6 月 22 日至 6 月 26 日在中国江苏省镇江市进行的实地调查，收集人们对绿色出行方式的态度、意见和行为信息。镇江市高铁站、原火车站和长途汽车站被选定为具体实施调查的地点，主要是考虑到该三地的人流较大，并且可以更好地保证被调查者的多样性。由事先经过训练的调查者随机选定被调查者，他们需要使用提供的手机填写调查问卷，整个过程花费大约五分钟的时间。最终获得 2941 份有效问卷用于后续分析。表 6.1 给出了对样本数据的统计描述。

表 6.1 样本数据的统计描述

社会经济特征		百分比	社会经济特征		百分比
年龄	26 岁以下	36.8%	月收入	低于 2001 元	23.4%
	26~35 岁	30.5%		2001~4000 元	32.7%
	36~45 岁	19.4%		4001~6000 元	26.7%
	45 岁以上	13.3%		超过 6000 元	17.2%
文化程度	高中及以下	26.8%	性别	男性	62.2%
	专科院校	26.6%			
	本科及以上	46.6%		女性	37.8%

所选调查地点的特性决定了来自其他城市的出行者也可能是潜在的受访者。实际上，被调查者主要来自镇江和周边城市如上海、无锡、苏州，这些城市都位于长三角地区。本节主要是通过考虑情感态度-认知态度协同性的调节作用，深入了解居民绿色出行方式的决策过程，而非预测总人口的整体出行态势；在这种情境下，认为被调查者的城市背景差异不会对研究结果造成显著偏差。

从理论角度来看，现有文献已广泛证实，对环境的主观关注能够显著影响人们选择绿色出行的意愿和实际决策。本部分研究将环保意识作为小汽车态度的认知维度，即个体关于驾驶小汽车对环境影响的知识和信念，进而评估情感态度（即对小汽车的热爱）和认知态度（即因小汽车使用而引起的环境关注）协同性是否会对绿色出行行为产生影响，以此为基础可以设计有效的交通出行行为引导策略。

6.3.2 因子和指标

各因子的测量指标及探索性因子分析（exploratory factor analysis，EFA）的因子载荷结果见表 6.2。首先，根据测量指标将感知的行为控制细分为两个维度，即主动感知行为控制和被动感知行为控制。在本节中，考虑了小汽车和非小汽车方式（包括自行车和公共交通）的感知行为控制。具体而言，对公共交通和自行车的感知行为控制可以看作绿色出行方式选择决策的激励因素，在有利的条件下能够拉动人们积极主动地选择绿色出行方式。相比之下，对小汽车的感知行为控制是控制措施限制和交通条件不利造成的困难，它阻碍了小汽车的便利性，有望推动人们被动地转向绿色出行方式。细分的主要目的是获得更有针对性的策略，即在限制小汽车使用和改善非小汽车出行体验之间进行选择。此外，主动和被动感知行为控制可以看作对传统的感知自主性与感知能力的近似，它们分别是感知行为控制的两个不同组成部分，其中前者指对绿色出行方式的控制程度，而后者主要表现为对驾驶小汽车难度的判断。这两个成分都被证实可以独立预测人们的意愿和行为。

表 6.2 EFA 结果

因子	测量指标	因子载荷	Cronbach's alpha	方差百分比
情感态度	开车上班可以灵活安排时间，方便办事情	0.768	0.686	61.67%
	开车上班可以体现我的身份，增加我的幸福感	0.758		
	开车上班能节省时间，提高我的生活质量	0.828		
认知态度	小汽车对环境有影响吗	0.563	0.555	52.99%
	减少小汽车出行，有利于解决所在城市的交通拥堵和环境污染	0.799		
	在缓解环境污染问题方面，绿色出行方式比其他出行方式更好	0.796		
总体态度	减少使用小汽车是每个公民的道德和义务	0.772	—	
社会规范	我周围的人习惯采用绿色方式出行	0.882	0.714	77.56%
	身边的人希望我采用绿色方式出行	0.882		
被动感知行为控制	小汽车的购买限制和使用成本，让我更加倾向于选择绿色方式出行	0.848	0.609	71.91%
	小汽车造成的社会问题如交通拥堵、停车难、安全事故等，让我倾向于选择绿色方式出行	0.848		
主动感知行为控制	公共自行车的推广，让我倾向于选择绿色方式出行	0.867	0.670	75.22%
	公共交通的发展，让我倾向于选择绿色方式出行	0.867		
绿色出行意愿	在绝大部分出行中我打算选择绿色出行方式	0.825	0.777	69.21%
	我将很大可能选择绿色方式出行	0.856		
	我选择绿色出行方式的意向很强	0.815		

续表

因子	测量指标	因子载荷	Cronbach's alpha	方差百分比
绿色出行行为	是否采用绿色方式出行	0.767	0.247	58.76%
	我通常都是绿色出行	0.767		

注：①大多数测量指标基于李克特5点量表，即1：非常不符合；2：不符合；3：一般；4：符合；5：非常符合；除了认知态度的第一个测量指标（1：没有影响；2：有一定影响；3：严重污染）以及绿色出行行为的第一个测量指标（0：否、1：是）；②对原始调查问卷的测量指标进行了反向处理，以确保数字越大、认可程度越高

其次，态度的情感成分通常被认为包含了对研究对象的情绪和感受，而认知成分则包含了相关知识、信息和信念。根据这一定义，情感态度被定义为对小汽车的热爱，即出行者欣赏驾驶小汽车所提供的满足和感觉；认知态度是关于使用小汽车对环境造成破坏的思考和评价，即环保意识。

最后，情感态度-认知态度协同性实际上是衡量与态度相关的感觉和信念之间的对应程度；而总体态度衡量对于研究对象喜欢或不喜欢的综合评价。基于此，认为情感态度-认知态度协同性独立于总体态度，并将总体态度作为独立解释变量加入最终模型。

（1）情感态度：个体对小汽车的感受和情绪。

（2）认知态度：关于减少小汽车使用和增加绿色出行对环境造成的影响方面，个体所持有的信念和知识。

（3）总体态度：个体对小汽车的看法和判断。

（4）社会规范：周围他人对于自己选择绿色出行方式的期望。

（5）被动感知行为控制：对驾驶小汽车难度的判断（即"推式控制"）。具体来说，政府部门对驾驶小汽车的限制和强制措施，可能使人们感受到较高的驾驶难度以及对驾驶小汽车较少的掌控力。因此，他们很可能被迫以被动的方式转向非小汽车出行方式。

（6）主动感知行为控制：通过改善非小汽车方式的交通环境带来的对绿色出行的感知控制（即"拉式控制"）。由于友好的骑行和公共交通环境，人们可能会感知到对绿色出行方式较强的控制能力，因此他们可能更积极主动地选择绿色出行方式。

（7）绿色出行意愿：个体选择绿色出行行为的意向强弱。

（8）绿色出行行为：个体在现实生活中实际绿色出行的频率和强度。

Cronbach's alpha的值表明，大多数指标具有令人满意的内部一致性。绿色出行行为的两个测量指标的衡量尺度不同：作为二元指标，第一个指标测度被调查者是否使用绿色出行方式，而第一个指标是5分制的测量指标；由于二者分别从揭示性和陈述性角度量化绿色出行行为，保留这两个指标有助于更好地测度出行

者的绿色出行行为。

6.4 结果与讨论

首先根据情感态度-认知态度协同性对被调查者进行分组，其次采用 SEM 分析 TPB 预测因子、绿色出行意愿和出行行为之间的作用关系，比较组别之间是否存在显著差异，即情感态度-认知态度协同性是否对 TPB 定义的绿色出行行为决策过程有显著的调节作用。

6.4.1 聚类分析结果

EFA 获得的情感态度和认知态度的因子得分作为聚类的基础变量，将被调查者划分为四个子组。为了保证更高的组内同质性和组间异质性，选择 K 均值聚类方法，而非根据情感态度和认知态度的符号直接对被调查者进行分类。聚类结果如表 6.3 所示，表 6.3 中给出了四组的样本量和最终聚类中心（即位于中心的情感态度和认知态度得分）。比如，26.6%的被调查者属于组 1，他们的情感态度和认知态度分布在点（−0.69，−0.97）的周围。四组分别表现出预期的情感态度和认知态度特征，在一定程度上证实了四组方案的合理性。并且，后续对于 TPB 定义的绿色出行决策过程的组间比较也支持了聚类结果的合理性。

表 6.3 聚类分析结果

子组	组 1	组 2	组 3	组 4
样本比例	26.6%	33.2%	23.2%	17.0%
情感态度（对小汽车的喜爱）	−0.69	0.74	−0.90	0.87
认知态度（环保意识）	−0.97	0.67	0.79	−0.87

如上文所述，情感态度和认知态度都与小汽车有关。一方面，情感态度得分越高，人们对驾驶小汽车的积极情绪越强。因此，组 2 和组 4 的情感态度取值为正，表明这两组的出行者享受驾驶小汽车的乐趣和满足感。另一方面，认知态度得分越高，关于减少驾驶小汽车和增加绿色出行能够对环境带来的益处，人们持有的信念越强，或者他们的环保意识越强，对小汽车的负面评价越多。例如，组 2 和组 3 的认知态度取值为正，表明这两组的成员有足够的知识和经验来评估使用小汽车对环境造成的消极影响。换句话说，组 2 和组 3 的成员更关注环境问题，对驾驶小汽车持消极态度。简言之，本书研究中，情感态度和认知态度之间相同

的符号（++或--）对应于二者的不协同，而不同的符号（+-或-+）则表示情感态度-认知态度的协同。

需要注意的是，情感态度-认知态度协同与否不能完全表征四组之间的差异。以下分析也会关注认知态度的内在本质，即人们对（减少）驾驶小汽车对环境影响的信念。具体来说，集成被调查者的情感态度和认知态度之间的协同与否以及潜在的环保意识共同表征四组特性。如图 6.2 所示，组 1、组 2、组 3 和组 4 的特征分别为负向/不协同、正向/不协同、正向/协同和负向/协同。以组 1 为例，其对驾驶小汽车表现出负的情感态度和正的认知态度，即情感态度和认知态度不协同，而其对私人驾驶的正认知态度对应的是较低的环保意识，对使用小汽车造成的环境影响持消极和漠不关心的态度。因此，"负向不协同"被认定为组 1 的唯一特征。

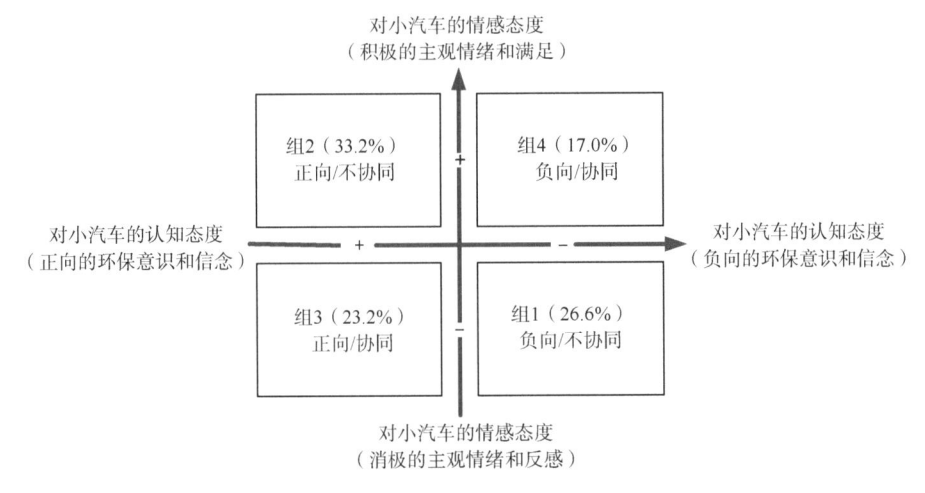

图 6.2 基于情感态度-认知态度协同性的分组结果

6.4.2 多群组统计描述

在验证情感态度-认知态度协同性对绿色出行方式决策过程的调节作用之前，首先对四组的社会经济属性和心理特征进行统计描述，如表 6.4 所示。

表 6.4 多群组统计描述

	属性	组 1: 负向/不协同	组 2: 正向/不协同	组 3: 正向/协同	组 4: 负向/协同
性别	男	37.7%	36.9%	42.7%	33.1%
	女	62.3%	63.1%	57.3%	66.9%
文化程度	高中及以下	29.6%	20.6%	29.8%	30.6%
	专科院校	29.2%	26.6%	21.5%	29.1%
	本科及以上	41.2%	52.8%	48.7%	40.3%

续表

属性		组1: 负向/不协同	组2: 正向/不协同	组3: 正向/协同	组4: 负向/协同
年龄	26岁以下	35.3%	39.8%	37.2%	32.7%
	26~35岁	29.5%	31.4%	30.0%	31.2%
	36~45岁	20.7%	17.2%	19.0%	21.8%
	45岁以上	14.5%	11.6%	13.8%	14.3%
月收入	低于2001元	23.1%	24.7%	26.0%	17.8%
	2001~4000元	34.5%	30.6%	34.6%	31.5%
	4001~6000元	28.3%	25.2%	24.7%	29.6%
	超过6000元	14.1%	19.5%	14.7%	21.1%
总体态度		3.57^{234}	3.94^{14}	4.04^{14}	3.70^{123}
社会规范		3.23^{234}	3.53^{13}	3.39^{12}	3.50^{1}
被动感知行为控制		3.27^{234}	3.71^{134}	3.60^{124}	3.48^{123}
主动感知行为控制		3.43^{234}	3.76^{14}	3.76^{14}	3.62^{123}
绿色出行意愿		3.39^{234}	3.76^{14}	3.82^{14}	3.52^{123}
绿色出行行为		2.08^{234}	2.23^{134}	2.33^{124}	2.10^{123}

采用皮尔逊卡方检验来确定类别属性的社会经济变量在组间是否存在显著差异；除了文化程度外，四组在性别、收入水平和年龄分布方面表现出相似性。方差分析用于比较连续型因子的均值，表6.4中最后六行的上标表示该组的特定因子与其他组别之间存在显著差异。例如，组1中总体态度的上标为"234"，表明该因子在负向/不协同组和其他组之间存在显著差异。与社会经济属性不同，大多数因子的均值在组间差异很大，表明情感态度–认知态度协同性与总体态度、社会规范、主动和被动感知行为控制、绿色出行意愿以及绿色出行行为密切相关。

6.4.3 情感态度–认知态度协同性的调节作用

通过对比组间作用关系的差异程度来确定情感态度–认知态度协同性的调节作用。首先必须确保测量权重（即指标–因子载荷）的不变性。采用图6.1中的理论框架作为基本模型，分别应用于四组。表6.5中的拟合优度统计数字表明，四组的模型都具有很好的拟合优度。其次，对四组进行两次多群组结构方程模型估计，其中，模型1是没有系数约束的自由模型，模型2是四组间指定相等测量权重的受限模型。模型1与模型2的χ^2差异检验（即p=0.19）表明模型1与模型2之间无显著差异。因此，四组的指标–因子载荷是不变的，可以直接比较因子间的作用关系。

表 6.5　拟合优度指标

指标	组1：负向/不协同	组2：正向/不协同	组3：正向/协同	组4：负向/协同
χ^2/df	1.890	1.974	1.611	2.453
GFI	0.983	0.985	0.983	0.965
AGFI	0.968	0.973	0.968	0.935
NFI	0.960	0.974	0.971	0.918
CFI	0.980	0.987	0.989	0.949
RMSEA	0.033	0.032	0.031	0.055

由于因子-指标载荷对 TPB 预测因子、绿色出行意愿和行为间作用关系的解释能力有限，不对测量模型的估计结果进行展示和详细讨论。图 6.3 给出了多群组估计的标准化结果。注意：①所示系数（即实线表示的关系）在 $p \leq 0.10$ 时均显著，虚线对应的关系不显著；②系数的下标表示在 $p \leq 0.10$ 时，在该关系上与当前组存在显著差异的组。

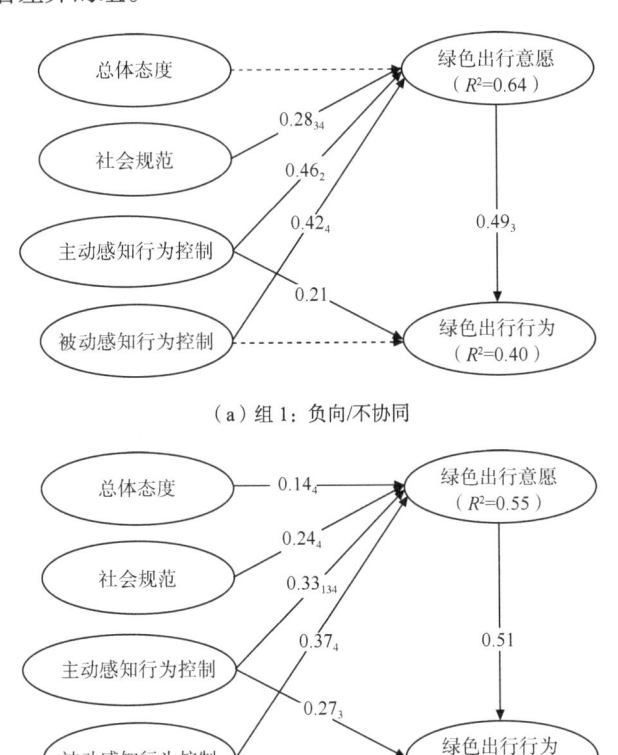

(a) 组1：负向/不协同

(b) 组2：正向/不协同

（c）组 3：正向/协同

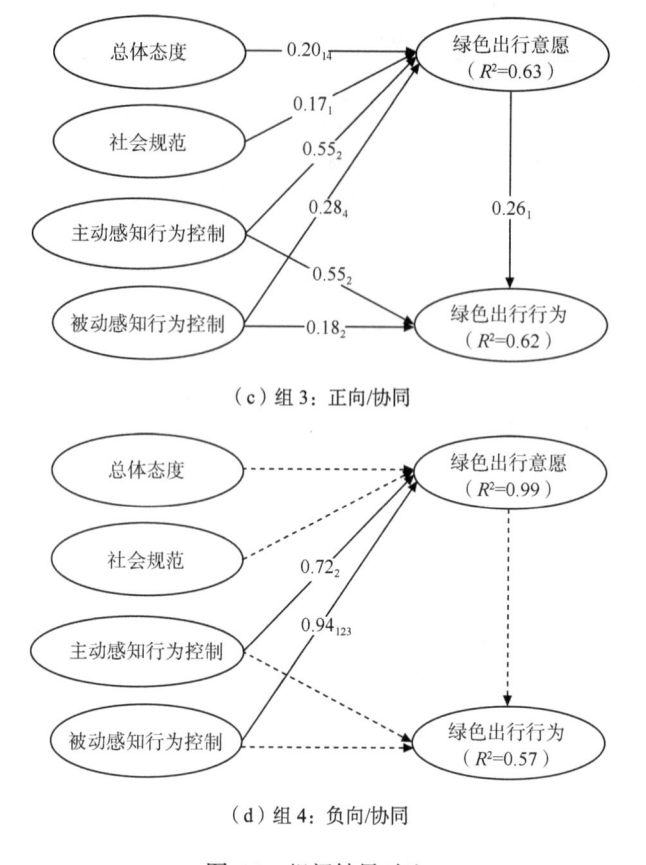

（d）组 4：负向/协同

图 6.3　组间结果对比

整体上，组间存在显著差异，这证实了情感态度-认知态度协同性在 TPB 定义的绿色出行行为决策过程中的调节作用。并且，所有预先设定的关系只有在组 3（情感态度-认知态度协同、积极的环保意识）是显著的。H_2 得以证实。各组对绿色出行意愿和绿色出行行为的解释程度不同，这从其他方面支持了情感态度-认知态度协同性的调节作用。具体而言，协同组对绿色出行行为方差解释的百分比显著大于不协同组。如果不考虑调节效应而对群体进行检验时，方差解释的百分比大致落在不协同和协同结果的区间范围内。

由于某些影响在特定群组中并不显著，H_{1a} 和 H_{1b} 仅得到部分支持，下文将对此进行讨论和解释。

1. 总体态度、社会规范、主动和被动感知行为控制对绿色出行意愿的影响

总体态度：无论情感态度和认知态度是否协同，在强烈的环保意识作用下，总体态度对绿色出行意愿均具有显著的正向影响。也就是说，只有当人们对小汽

车造成的负面环境影响有足够的认识和信念时，他/她对于减少驾驶小汽车的态度才会强化他们使用绿色出行方式的意愿。此外，由于在具有相反环保意识的群体之间存在认知态度的偏差，态度-意愿的关系更可能受到认知态度的调节作用。

社会规范：不协同组中社会规范对绿色出行意愿的影响大于协同组，表明该关系受到态度协同程度的调节。换句话说，当人们对驾驶小汽车带来的愉悦和满足的情感态度与他们对小汽车产生的负面环境后果的认知态度不一致时，他们更容易受到他人的影响，进而产生绿色出行意愿；如果出行者对小汽车既有积极的认知态度，又有积极的情感态度，那么周围人的行为方式或者期盼对出行者本人的绿色出行意愿没有影响。

感知行为控制：被动和主动感知行为控制均对绿色出行意愿有正向促进作用。无论是受到公共交通改善效果的"拉动"，还是受到政策法规对小汽车设置障碍的"推动"，对绿色出行行为有更大感知控制权的个体，都可能产生更强烈的绿色出行意愿。然而，这一效果在组间差异很大。在对小汽车持积极情感态度、消极认知态度（强环保意识）的组2中，主动感知行为控制对绿色出行意愿的影响显著小于其他组，而对小汽车持消极情感态度、积极认知态度（弱环保意识）的组4中，被动感知行为控制对绿色出行意愿的影响显著大于其他组。以组4子群体为例，一旦因为政策限制而感到对驾驶小汽车的控制减少，他们很有可能更倾向于选择绿色出行方式。

2. 感知行为控制和绿色出行意愿对绿色出行行为的直接影响

感知行为控制：值得注意的是，只有在对小汽车具有消极情感态度以及认知态度（强环保意识）的组3中，被动感知行为控制才会对绿色出行行为有显著的积极影响。从交通管理的角度来看，政府对购买、驾驶小汽车，以及停车的规定和限制，确实会对那些对小汽车持有负面情感和认知态度的人起到削弱开车意愿、促进绿色出行的作用。在主动感知行为控制对绿色出行行为的影响方面，也观察到类似的作用模式。实际上，随着公共交通和骑行基础设施的完善，对小汽车持消极情感和认知态度的个体，他们向绿色出行行为转变的程度最为明显。

绿色出行意愿：只有第4组的绿色出行意愿对绿色出行行为没有显著影响。对于那些对小汽车有着积极情感和认知态度的人来说，即使他们有强烈的绿色出行意愿，这种意愿也不太可能真正付诸行动。

图6.3呈现的是变量之间的直接关系，然而哪个因素对绿色出行行为的影响最大，对现实的管理政策和控制措施制定有重要指导意义，此时应同时考虑直接和间接影响。例如，被动感知行为控制对绿色出行行为的总影响是其对绿色出行行为的直接影响和通过绿色出行意愿产生的间接影响的总和。表6.6给出四组中

相关因子对绿色出行行为的标准总效应；其中，负向/协同组中所有 TPB 预测因子和绿色出行意愿对绿色出行行为均没有直接的显著影响，用"—"表示。

表 6.6　各因素对绿色出行行为的标准总效应

属性	组 1：负向/不协同	组 2：正向/不协同	组 3：正向/协同	组 4：负向/协同
总体态度	—	0.07	0.05	—
社会规范	0.14	0.12	0.04	—
被动感知行为控制	0.21	0.19	0.25	—
主动感知行为控制	0.44	0.40	0.69	—
绿色出行意愿	0.49	0.51	0.26	—

对于情感态度–认知态度不协同的组 1 和组 2，对绿色出行行为影响最大的首先是绿色出行意愿，其次是主动感知行为控制、被动感知行为控制、社会规范，最后是总体态度。而在组 3 中，主动感知行为控制在解释绿色出行行为中起着最重要的作用。与上文结果一致，对私人驾驶持消极态度的人而言，改善绿色出行环境的政策与策略会大大增强他们对公共交通、步行和骑行的控制能力，进而有效促进绿色出行行为。由于组 4 中绿色出行意愿对绿色出行行为没有显著影响，总体态度和社会规范完全通过绿色出行意愿间接影响绿色出行行为，这两个因素对目标行为没有影响。从政策角度考虑，政府管理部门很难促进那些真正享受驾驶小汽车同时缺乏环保意识（没有意识到小汽车对环境的负面影响）的人的绿色出行行为。

6.4.4　政策启示

情感态度–认知态度协同性对绿色出行行为的调节作用决定了各子群体的差异决策机制，政府管理部门需要将有限的资金和资源用于能够产生最大效果的领域及人群。

情感态度–认知态度协同性高的群体不易受管控措施的影响。因此，对小汽车具有消极的感受和情绪，并且对驾驶小汽车造成的负面环境影响有足够的认知和信念的群体，有理由认为他们最不可能做出破坏环境的决策，不必将过多的精力和资源投放到他们当中。然而，对于那些对小汽车有强烈感情，并且极度缺乏环保意识的人来说，需要花费大量精力对他们进行宣传教育和引导。这些启示强调了情感态度–认知态度协同发展的重要性，因为在二者保持同步的情况下，总体态度会处于更加稳定的状态，此时态度–行为关系也会得到加强。

当情感态度–认知态度不协同时，社会规范对绿色出行意愿的影响较为显著；

那些对小汽车态度不坚定的人，重要他人（如家人、朋友和同事）对绿色出行行为的认同意见和鼓励极有可能增强他们的绿色出行意愿，此时创造绿色出行的社会氛围以及行动榜样可以有效促进他们的绿色出行选择。

感知行为控制被细化为主动和被动两类，这有助于确定有效的管理策略。对于正向/不协同组（享受小汽车出行带来的满足感和快乐，同时又能充分意识到其环境带来的负面影响），主动感知行为控制对出行意愿的影响有限，这表明对公共交通、步行和骑行等绿色出行方式服务水平和基础设施的改善对该群体绿色出行意愿的促进作用较小。对于负向/不协同组（对小汽车出行没有特别偏好，并且对其造成的负面环境影响缺乏清楚认知），被动感知行为控制对绿色出行意愿的显著影响表明，管理部门应实施强有力的车辆管控和限制措施，以显著推动该群体的绿色出行意愿。本身对小汽车持有强烈反对意见和个人情绪的人群来说，无论是绿色出行环境的改善，还是针对小汽车的管控措施，都不能有效地促进他们的绿色出行选择；他们基本不可能做出对环境不友好的出行决策，对这类人群无须花费精力和资源。

只有当个体持有积极的环境意识时，对减少私家车出行的态度才对绿色出行意愿有促进作用；当对私家车出行的情感态度和认知态度不协同时，社会规范对绿色出行意愿产生积极作用；当个体充分认识到私家车出行对环境带来的负面影响，但是同时又享受这种出行方式带来的快乐和满足时，主动感知行为控制对绿色出行意愿的影响非常微弱。该研究启示交通管理当局如何利用有限的资源和资金最大化地推进绿色出行方式。比如，对于正向/协同组（即对私家车出行持消极的情绪和感觉，同时又能充分意识到私家车出行带来的负面的环境问题），他们基本不可能做出对环境不友好的出行决策，无须花费精力和资源；对于负向/不协同组，被动感知行为控制的显著促进作用表明有必要对私家车出行施加管理法规和限制以"推动"他们的绿色出行意愿。

6.5 本章小结

根据以往研究，态度的形成和表达有两种来源，即与个人情绪和感受相关的情感成分，以及反映基于先验知识、信念和对物品或行为优缺点的意见与评价的认知成分，并且情感态度和认知态度具有较高协同程度的人往往具有更大的态度稳定性与对外部环境更强的抵抗力。本章研究引入情感态度–认知态度协同性的调节作用，研究城市居民绿色出行行为的决策机制。结合聚类分析和多群组结构方程模型，主要结论如下。

（1）基于个体对小汽车的情感态度（感觉、情绪）和认知态度（对小汽车产生环境污染的信念和评价），研究对象被聚类为相异的四组，分别对小汽车持有正向/协同、正向/不协同、负向/协同以及负向/不协同的态度，其中正/负表示是否持有环境意识，协同/不协同表示情感态度和认知态度间的协同性。比如，正向/不协同表示该出行群体享受驾驶小汽车带来的满足感和快乐，但是同时他们又能充分意识到使用小汽车对环境带来的负面影响（持有环保意识）。

（2）多群组比较结果证实了情感态度-认知态度协同性在城市绿色出行行为决策中的调节作用。只有在积极环保意识的情况下，对减少小汽车的认同态度才对绿色出行意愿产生显著影响；当对小汽车的情感态度和认知态度不协同时，社会规范对绿色出行意愿的促进作用较大。当个体对驾驶小汽车的负面环境影响有足够的认识和信念（强环保意识），但同时欣赏驾驶小汽车带来的乐趣和满足感时，主动感知行为控制的行为意愿关系最弱，此时公共交通服务和基础设施的改善对绿色出行意愿的促进作用有限。相比之下，被动感知行为控制的结果更为有趣。当个体对绿色出行持消极和协同的态度（即对小汽车有强烈的情感且缺乏环保意识）时，被动感知行为控制对绿色出行意愿的影响在四组中最大。现实意义是，当人们私人驾驶保有强烈的倾向和热情，并且对小汽车产生的负面环境污染漠不关心时，他们很可能愿意相信驾驶小汽车基本不会遇到阻碍。在这个时候，当他们面对小汽车的管控和限制所造成的障碍时，更容易感到沮丧和受挫。

（3）出行意愿、主动和被动感知行为控制的直接影响因群体而异。在认知态度和情感态度不协同的情况下，意愿-行为间的关系更强，对小汽车的矛盾态度促进了绿色出行意愿的行为实现。只有当人们对小汽车既有消极的情感态度，又有消极的认知态度时，主动和被动感知行为控制才会对绿色出行行为产生显著影响。然而，当人们对小汽车的情感态度和认知态度均表现为正时，上述三个因素对绿色出行行为的影响都不显著。

本章研究从理论上丰富了居民交通出行行为的研究框架和方法体系，尤其是增强了 TPB 对目标行为的解释能力。该理论框架和研究范式可以拓展至各领域对于不同类型决策行为机制的研究，具有广泛的适用性和理论价值。

第7章 集成潜变量和概率性分组的出行方式选择研究

7.1 引言

在第4章和第5章中,潜变量模型和LCCM被单独用于出行方式选择行为的分析,从不同方面考虑了个体活动-出行决策行为过程中所表现出的异质性,增强了模型对决策行为的表现力。本章构建TPB和LCCM,对活动-出行行为进行解释。其中,TPB从社会心理学的角度诠释偏好异质性对行为决策的影响,LCCM则用概率性分组方式揭示了决策机制的响应异质性。在分组和选择决策的过程中,均直接考虑潜变量所产生的作用,从而判定具备不同心理偏好水平的出行群体对出行方式各属性的敏感度,以及心理潜变量在他们的出行方式决策过程中所发挥的作用是否存在显著差异。总体来说,将偏好异质性和响应异质性进行集成来进一步丰富活动-出行行为分析的理论模型。

7.2 模型框架及基础数据

7.2.1 TPB-LCCM框架

在本章的分析中,TPB和习惯将被集成到LCCM中,从潜变量和潜在类别即群体细分两个角度对异质性进行综合考虑和解释。TPB的所有变量,包括行为意愿、态度、社会规范和感知的行为控制作为选择模型的一部分解释变量,其中行为意愿和感知的行为控制是出行方式的直接影响因素,而态度、社会规范以及感知的行为控制通过对行为意愿的作用对出行方式产生间接影响;习惯与其他社会经济属性变量一同作为分组变量,通过分组模型对研究对象进行分组。也就是说,选择模型从心理潜变量的角度对偏好异质性进行了表示,并揭示了该异质性在方式决策过程中的作用;而分组模型中习惯因素的加入将出行群体分为具备不同心理特质即方式使用习惯的子组，从群体细分的角度对异质性加以体现；进而选择模型内同一解释变量在各组间作用的差异性体现了决策行为的响应异质性。该模型的理论框架如图 7.1 所示，同样地，图 7.1 中椭圆表示潜变量，包括心理感知变量和不可见的方式选择效用，矩形表示可见变量，包括方式属性、个体/家庭的社会经济属性和通勤方式。

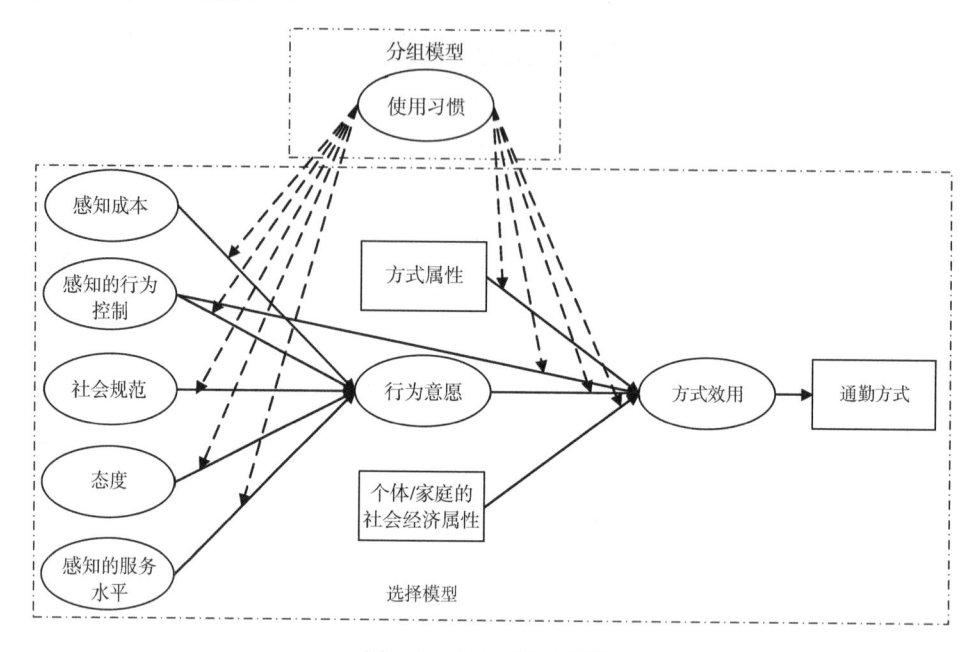

图 7.1　TPB-LCCM 框架

图 7.1 中小的虚线框表示分组模型，大的虚线框表示选择模型，二者结合来确定方式选择的决策过程及该过程中所表现出的变量间作用关系的异质性。具体而言，该集成模型从以下三个方面对传统的方式选择模型进行了完善。

（1）从变量类型来看，除了可见的方式属性和个体/家庭的社会经济属性变量外，加入了大量的表示不可见偏好异质性的主观心理潜变量，揭示行为决策"黑箱"中的作用机制，增强了模型的行为表征能力；通过在分组模型和选择模型中同时考虑潜变量，可以研究具有不同心理特征的个体，他们的特定心理因素对方式选择的影响是否相同。

（2）从变量间的作用关系来看，心理潜变量可以在一定程度上表示异质性，然而大部分的此类研究都仅考虑了潜变量对选择行为的直接作用[59, 180]，这些表示异质性的变量之间的作用关系则被忽略。通过在选择模型中构建完整的 TPB 框架，即态度–意愿–行为的层级架构，不仅可以分析潜变量之间的相互影响，还能同时对相关潜变量对最终决策变量的直接和间接作用加以探讨。

（3）从模型基础来看，采用 LCCM 表示方式选择决策的响应异质性，采用各交通出行方式的使用习惯强度作为分组变量，分析各组间方式选择的差异性，即具有不同使用习惯的个体/群体，他们的通勤方式选择决策是一个深思熟虑的过程，还是无意识的自动化行为。

需要注意的是，本章的最终目标变量为离散的交通出行方式，包括小汽车、公交和电动车三类，并非连续的心理变量，而潜在类别模型正适用于此类离散变量的分析。在下文的分析中，将采用渐进方式来得到 TPB-LCCM 的最终框架，通过模型之间的对比，来强化最终模型的结果。

7.2.2 数据准备

以下建模数据来源于 2012 年绍兴县居民出行调查，研究对象为个体出行者的通勤方式选择，将其限定为小汽车、公交和电动车三种方式，选择这三种方式的原因在第 5 章中已经介绍。由于与 5.4 节相比，本章采用的数据包括大量的心理测量指标，在对 5.4 节的数据进行继续处理后，最终样本量为 3120，表 7.1 和表 7.2 给出了显变量的统计描述。

表 7.1 类别变量的统计描述

变量	类别	比例
性别	女	41.2%
	男	58.8%
学历水平	初中或以下	55.8%
	高中	26.8%
	本科或以上	17.4%
年龄	≤30 岁	14.3%
	31~45 岁	71.4%
	46~60 岁	13.0%
	≥61 岁	1.3%
个人月收入	低于 2001 元	19.5%
	2001~5000 元	59.2%
	高于 5000 元	21.3%
家里是否有孩子	没有孩子	12.0%
	小于 6 岁的孩子	12.4%
	6~18 岁的孩子	66.6%
	18 岁以上的孩子	9.0%

续表

变量	类别	比例
通勤方式	公交	9.7%
	小汽车	43.5%
	电动车	46.8%

表 7.2 连续变量的统计描述

变量		最大值	最小值	均值（标准差）
家庭交通工具/辆	小汽车	3	0	0.7（0.7）
	电动车	4	0	1.3（0.8）
家庭人口数		6	1	3.7（1.0）

表 7.3 给出了用于测量相关潜变量的指标、它们的均值（标准差），以及通过因子分析得到的每个测量指标在对应潜变量上的因子载荷。每种出行方式均对应一组潜变量，包括态度、社会规范、感知的行为控制、行为意愿、感知的服务水平、感知成本和使用习惯。

表 7.3 测量指标的统计描述及因子分析结果

因子	序号	测量指标	均值（标准差） 公交	均值（标准差） 小汽车	均值（标准差） 电动车	因子载荷 公交	因子载荷 小汽车	因子载荷 电动车
态度	A1	您对各种出行方式的喜好程度是	2.67（0.93）	3.61（0.98）	3.19（1.01）	0.902	0.921	0.930
	A2	您对各种出行方式的满意程度是	2.74（0.90）	3.67（0.94）	3.23（0.97）	0.902	0.921	0.930
社会规范	SN1	您家人对您用各方式出行的态度	3.15（0.91）	3.48（0.96）	3.21（1.03）	0.804	0.823	0.832
	SN2	您好友对您用各方式出行的态度	3.04（0.92）	3.59（0.95）	3.15（0.99）	0.817	0.825	0.851
	SN3	您家人他自己各方式出行的态度	2.88（1.00）	3.55（0.99）	3.18（0.99）	0.777	0.789	0.811
	SN4	您好友他自己各方式出行的态度	2.83（0.99）	3.73（0.95）	3.07（0.98）	0.761	0.774	0.804
感知的行为控制	PBC1	您是否清楚家附近公交线路走向及时刻	3.28（1.04）	—	—	0.811	—	—
	PBC2	站牌或网络上的公交线路信息是否准确	3.31（0.85）	—	—	0.811	—	—
	PBC3	开小汽车或骑电动车对您来说	—	3.19（1.17）	3.81（0.97）	—	—	—
行为意愿	BI1	今后的出行中是否以下列方式为主	2.81（1.02）	3.41（1.20）	3.43（1.16）	0.907	0.906	0.924
	BI2	今后出行中是否愿意采用下列方式	2.94（1.00）	3.64（1.02）	3.39（1.02）	0.907	0.906	0.924
感知的服务水平	PS1	您用各种方式出行时的方便程度	2.37（0.96）	3.89（0.97）	3.48（1.00）	0.617	0.724	0.642
	PS2	您对各种方式舒适性的感觉	2.61（0.90）	3.93（0.91）	3.10（0.93）	0.820	0.810	0.838
	PS3	您对各种方式安全性的感觉	3.49（0.96）	3.55（0.84）	2.75（0.94）	0.688	0.743	0.802

续表

因子	序号	测量指标	均值（标准差）			因子载荷		
			公交	小汽车	电动车	公交	小汽车	电动车
感知成本	PC	您对各种方式费用的感觉	3.71（0.94）	2.10（0.84）	3.64（0.88）	—	—	—
使用习惯	H1	您会下意识不加思考地选择该方式出行	2.53（0.97）	2.94（1.17）	3.03（1.13）	0.718	0.835	0.838
	H2	选择该方式出行已成为您生活的一部分	2.56（1.04）	3.08（1.21）	3.18（1.14）	0.830	0.888	0.895
	H3	该方式是您最熟悉和最自在的出行方式	2.50（1.00）	3.15（1.16）	3.21（1.11）	0.761	0.864	0.889
	H4	您以该方式作为出行方式已经很久了	2.47（1.09）	2.88（1.27）	3.23（1.20）	0.804	0.857	0.878
	H5	要您放弃该方式出行是件很困难的事情	2.54（1.06）	2.93（1.17）	2.92（1.12）	0.656	0.768	0.754

7.3 扩展的 TPB 模型结果

扩展的 TPB 和潜在类别模型为本章 TPB-LCCM 的两个重要的理论与模型基础，第 5 章中已经证明了相对于多项 logit 模型和混合 logit 模型，LCCM 对通勤方式选择行为的解释能力更强，在进行最终的模型估计之前，首先采用 SEM 对扩展的 TPB 用于解释交通方式使用行为的适用性进行验证。

除了表 7.3 中所列的心理感知因素以及对应的测量指标，对于使用小汽车、公交和电动车的行为，分别采用两个指标进行测量：（B1）过去是否以公交/小汽车/电动车为主要的出行方式（1：肯定不是，2：不是，3：一般，4：是，5：肯定是）；（B2）过去采用公交/小汽车/电动车出行的频率（1：非常低，2：低，3：一般，4：高，5：很高）。尽管这些指标测量的是过去的行为，这种做法在相关的研究中应用很广，学者认为过去与目前的出行方式使用行为是同一个过程作用下的结果，这种行为具备一定的稳定性，因此过去的行为被看作对目前行为的一个很好的代表[181,182]。

7.3.1 信度和效度分析

在正式的模型估计之前，首先需要通过验证性因子分析建立测量方程，确定相关因子的信度和效度是否充足。在此，建立三个测量方程，分别对应每种交通方式，在每个测量方程中，感知成本、感知的服务水平、态度、社会规范、感知的行为控制、行为意愿和使用习惯都被假定为两两相关的外生潜变量，并采用一系列指标来系统地衡量该方程。

结合表 3.4 中各指标的临界值和表 7.4 可知，三个测量方程模型对数据的拟合程度大都很好。

表 7.4　各测量方程拟合优度指标值

拟合指标	小汽车	公交	电动车
χ^2/df	4.53	4.45	4.50
RMSEA	0.03	0.03	0.03
GFI	0.99	0.99	0.99
AGFI	0.98	0.98	0.98
CFI	0.99	0.98	0.99
NFI	0.98	0.98	0.99

其次，构念效度的评价基于 Cronbach's alpha 以及组合信度（composite reliability，CR），它们临界值分别为 0.50 和 0.70[75]。如表 7.5 所示，相关因子的各测量指标之间具有高度的内部一致性。

表 7.5　验证性因子分析结果

感知变量	测量指标	小汽车 载荷	t	Cronbach's alpha	AVE	CR	公交 载荷	t	Cronbach's alpha	AVE	CR	电动车 载荷	t	Cronbach's alpha	AVE	CR
态度	A1	0.83	—	0.82	0.70	0.83	0.81	—	0.77	0.63	0.80	0.86	—	0.84	0.73	0.85
	A2	0.84	46.03				0.78	38.70				0.85	52.39			
社会规范	SN1	0.83	—	0.82	0.56	0.85	0.75	—	0.80	0.51	0.82	0.82	—	0.84	0.57	0.84
	SN2	0.74	38.49				0.71	37.84				0.81	47.84			
	SN3	0.71	38.03				0.69	32.59				0.70	40.20			
	SN4	0.71	35.52				0.70	31.60				0.68	38.54			
感知的行为控制	PBC1	—	—	—	—	—	0.76	—	0.47	0.59	0.70	—	—	—	—	—
	PBC2	—	—				0.78	9.27				—	—			
	PBC3	0.80	—				—	—				0.69	—			
行为意愿	BI1	0.77	—	0.78	0.64	0.74	0.79	—	0.78	0.65	0.78	0.84	—	0.83	0.71	0.81
	BI2	0.83	38.17				0.82	41.95				0.85	53.26			
感知的服务水平	PS1	0.74	—	0.63	0.50	0.73	0.78	—	0.51	0.53	0.70	0.73	—	0.64	0.54	0.79
	PS2	0.72	26.64				0.72	21.80				0.80	26.77			
	PS3	0.67	21.04				0.68	13.89				0.67	23.28			

续表

感知变量	测量指标	小汽车 载荷	t	Cronbach's alpha	AVE	CR	公交 载荷	t	Cronbach's alpha	AVE	CR	电动车 载荷	t	Cronbach's alpha	AVE	CR
感知成本	PC	0.84	—	—	—	—	0.76	—	—	—	—	0.81	—	—	—	—
使用行为	B1	0.88	—	0.87	0.77	0.81	0.86	—	0.82	0.71	0.78	0.88	—	0.86	0.76	0.811
	B2	0.87	46.25				0.82	38.16				0.86	49.66			

再次，收敛效度要同时从以下几个方面衡量[183]：①所有的因子载荷要具备统计显著性，并且标准化的因子载荷大于等于 0.50；②平均方差提取值（average variance extracted, AVE）不小于 0.50。表 7.5 中标准化的因子载荷都满足临界值的要求，并且在 $p \leqslant 0.01$ 的水平下显著；AVE 的值为 0.50~0.77，证实了相关因子的收敛效度。

最后，比较每个因子的 AVE 值，与其同其他所有因子的相关系数的平方来衡量歧视效度。假如 AVE 的值要高于后者，则证实了歧视效度的存在[183]。表 7.6 用于歧视效度的衡量，对角线上的数字表示各交通方式下每个因子的 AVE 值，下三角矩阵上的数字为对应因子间相关系数的平方。可见，各交通方式下大部分因子的 AVE 值高于该因子同其他所有因子的相关系数的平方，从而证明了因子间歧视效度假设在一定程度上是成立的。

表 7.6 各交通方式下因子的平方相关系数矩阵

交通方式	因子	Attitude	SN	PBC	BI	PS	PC	Behavior
	Attitude	0.70						
	SN	0.56	0.56					
	PBC	0.27	0.23	—				
小汽车	BI	0.43	0.41	0.74	0.64			
	PS	0.47	0.42	0.47	0.50	0.50		
	PC	0.02	0.04	0.07	0.03	0.03	—	
	Behavior	0.13	0.16	0.38	0.57	0.20	0.15	0.77
	Attitude	0.63						
	SN	0.62	0.51					
	PBC	0.08	0.09	0.59				
公交	BI	0.36	0.43	0.04	0.65			
	PS	0.52	0.51	0.16	0.65	0.53		
	PC	0.02	0.02	0.04	0.01	0.02	—	
	Behavior	0.19	0.19	0.02	0.49	0.27	0	0.71

续表

交通方式	因子	因子						
		Attitude	SN	PBC	BI	PS	PC	Behavior
电动车	Attitude	0.73						
	SN	0.68	0.57					
	PBC	0.36	0.34	—				
	BI	0.54	0.54	0.56	0.71			
	PS	0.42	0.45	0.38	0.52	0.54		
	PC	0.04	0.03	0.18	0.07	0.06	—	
	Behavior	0.29	0.29	0.42	0.59	0.32	0.07	0.76

7.3.2 估计结果

针对每一种出行方式，分别建立一个 SEM 来验证扩展的 TPB 对行为意愿和使用习惯的解释能力，SEM 的模型表达式如 3.2.4 节所介绍的，并且此处采用 ML 法进行估计，模型估计的结果如图 7.2～图 7.4 所示。其中，每个估计参数后括号内的数字表示对应的 t 统计量，上标"**"表示该估计参数在 $p \leqslant 0.01$ 的水平下显著，上标"*"表示该估计参数在 $p \leqslant 0.05$ 的水平下显著，而"n.s."表示该参数在 $p \leqslant 0.10$ 的水平下不显著，对应的方向连接线用虚线表示；行为意愿和使用习惯下括号内的数字表示在该模型中这两个目标变量的方差被解释（variance explained）的程度。为简洁起见，图 7.2～图 7.4 中仅给出了结构方程中各目标变量间的直接作用关系。三个模型的拟合优度指标的值如下。①小汽车：$\chi^2/df=$

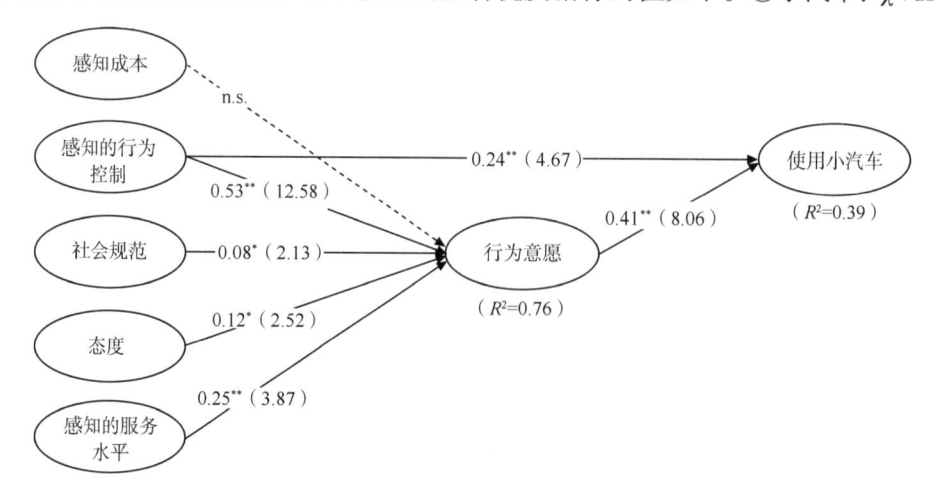

图 7.2 扩展的 TPB 模型结果——小汽车

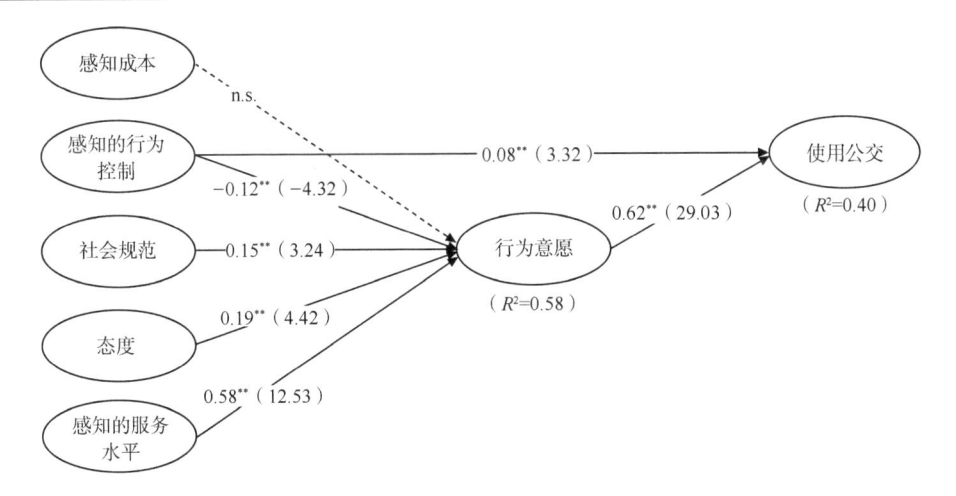

第7章 集成潜变量和概率性分组的出行方式选择研究

图 7.3 扩展的 TPB 模型结果——公交

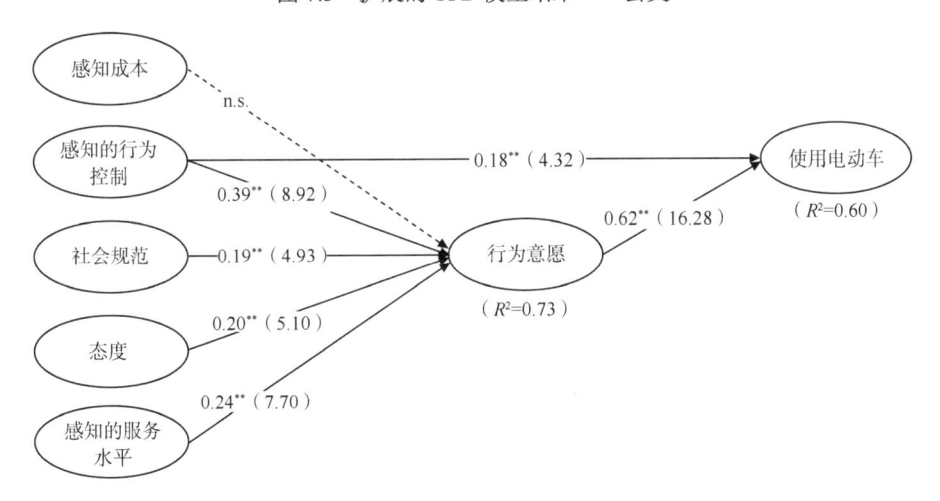

图 7.4 扩展的 TPB 模型结果——电动车

4.20<5.00，RMSEA=0.03<0.08，GFI=0.99>0.95，AGFI=0.98>0.90，CFI=0.99>0.97，NFI=0.99>0.95。②公交：χ^2/df=4.91<5.00，RMSEA=0.04<0.08，GFI=0.99>0.95，AGFI=0.97>0.90，CFI=0.98>0.97，NFI=0.98>0.95。③电动车：χ^2/df=3.96<5.00，RMSEA=0.03<0.08，GFI=0.99>0.95，AGFI=0.98>0.90，CFI=0.99>0.97，NFI=0.99>0.95。

很明显地，所有指标均显示扩展的 TPB 模型能够很好地拟合三种交通方式的使用习惯，为该理论和 LCCM 的集成奠定了基础。在三种方式的行为意愿中，方差被解释量的大小依次为小汽车（0.76）、电动车（0.73）、公交（0.58），而对应于实际使用习惯的方差被解释量的大小依次为电动车（0.60）、公交（0.40）、小汽车（0.39）。为进一步增进对上面三个模型的理解，表 7.7 给出了各心理感知变量对使用习惯标准化的总影响（standardized total effects）。

表 7.7　各心理感知变量对使用习惯标准化的总影响

标准化的总影响	小汽车	公交	电动车
感知成本	−0.05	0	−0.01
感知的行为控制	0.46	0	0.43
社会规范	0.03	0.09	0.12
态度	0.05	0.12	0.12
感知的服务水平	0.10	0.36	0.15
行为意愿	0.41	0.62	0.62

结合图 7.2、图 7.3、图 7.4 和表 7.7 的结果可知，影响各交通方式行为意愿和使用习惯的关键因素存在很大差别。

（1）在研究的五个心理感知因素中，对于小汽车和电动车而言，感知的行为控制对它们的行为意愿的影响作用最大，而在公交的行为意愿的影响因素中，感知的服务水平最为重要。这种结果十分直观，小汽车和电动车同为私人交通工具，出行者必须掌握一定的技能才能使用这两种交通方式，其他一切因素都是在小汽车或电动车的使用对出行者来说是可行方式之后的辅助因素。换句话说，如果出行者没有使用小汽车或电动车的能力（如家里没有小汽车或电动车）或认为这两种方式的使用很难，他们对这两种方式的行为意愿就会相当薄弱。相对地，出行者选择乘坐公交实际上是在购买一种服务，他们不需要自己驾驶公交，而是由具备专业驾驶技能的司机来进行，乘客只需支付一定的费用，就可享受这种服务，因此服务水平在出行者决定是否乘坐公交时是十分重要的。

（2）在扩展的 TPB 模型中，行为意愿对各方式的使用习惯有直接影响，而感知成本、社会规范、态度和感知的服务水平对使用习惯的影响是通过对行为意愿的影响而间接产生的，感知的行为控制对实际使用行为既有直接作用，也有通过行为意愿产生的间接影响。在所有的影响因素中，感知的行为控制对是否使用小汽车的影响最大，而行为意愿对公交和电动车使用习惯最重要。与电动车和公交相比，小汽车的使用难度更大，出行者不仅受到年龄、身体素质、经济水平等因素的影响，还要通过一系列测试才能获得驾照，只有出行者认为他们不再受到这些自身和外在因素的限制时，他们才会真正考虑小汽车的使用。而电动车和公交的使用相对较容易，当使用意愿达到一定程度时，这两种方式的使用就成为可能。然而电动车和公交使用习惯的次要影响因素分别为感知的行为控制和感知的服务水平，这种差别的产生与（1）中原因相近似。

7.4 TPB-LCCM 结果及分析

在正式的模型估计之前，以下几点需要说明。①由于 TPB-LCCM 所涉及的心理测量指标数量庞大，为保证模型的简洁以及降低估计过程的困难。在正式估计之前，对所有相关的测量指标通过因子分析进行降维处理，即在模型中没有直接考虑指标和潜在变量之间的测量关系，而将从因子分析所得的大量潜变量加入模型，作为分组变量或者选择模型的解释变量。②选择模型中完整地考虑了 TPB，并在此基础上加入了两个感知变量对行为意愿的影响，下文将称其为扩展的 TPB。

在以下的分析中，采用逐层递进的方式进行模型构建，通过模型内部和模型间的对比，从而确定各类变量，包括个体/家庭的社会经济属性和方式属性、心理感知变量和方式使用习惯，在通勤方式选择决策中发挥的作用以及各组间表现出的异质性。按照是否对通勤群体进行分组（表 7.8 中第 2 列），以及选择模型和分组模型部分是否涉及潜变量（表 7.8 中第 3 列和第 4 列），可将以下的模型总结为五类，如表 7.8 所示。

表 7.8 模型归类

编号	分组模型	潜变量 选择模型	潜变量 分组模型
1	×	×	×
2	×	√	×
3	√	×	√
4	√	√	×
5	√	√	√

在以下的 5 类模型中，电动车被选定为基准。其中，每个估计参数后括号内的数字表示对应的 t 统计量，上标"**"表示该估计参数在 $p \leqslant 0.01$ 的水平下显著，上标"*"表示该估计参数在 $p \leqslant 0.05$ 的水平下显著，"—"表示该估计参数在 $p \leqslant 0.10$ 的水平下不显著。

7.4.1 模型 1 及其估计结果

如图 7.5 所示，模型 1 就是最基本的离散选择模型，即用外在可见的个体/家庭的社会经济属性和方式属性来解释通勤者的方式选择决策。

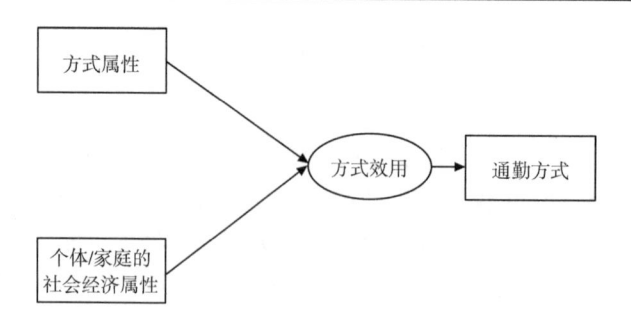

图 7.5　模型 1 的理论框架

模型估计结果如表 7.9 所示。

表 7.9　模型 1 的估计结果

属性		小汽车	公交	电动车
方式属性	出行时间/分钟	\multicolumn{2}{c	}{−0.09**（−3.75）}	
	出行成本/（元/月）	\multicolumn{2}{c	}{—}	
个体/家庭的社会经济属性	性别：男性	1.46**（11.18）	—	基准
	学历：高中	—	0.45**（2.70）	
	学历：本科或以上	0.87**（4.57）	0.84**（3.80）	
	年龄：31～45 岁	—	−0.73**（−3.61）	
	年龄：46～60 岁	—	−1.13**（−3.99）	
	工资：低于 2001 元/月	−1.26**（−5.96）	−0.47（−1.72）	
	工资：2001～5000 元/月	−0.75**（−4.65）	—	
	家庭人数	—	0.23**（3.36）	
	小汽车数/辆	3.37**（23.54）	—	
	电动车数/辆	−0.96**（−11.37）	−1.08**（−10.84）	
常数项		−1.82**（−4.31）		

模型 1 的估计结果在一定程度上与实际情况相符。一方面，出行时间对各方式的选择有非常显著的负效用，而在本模型中，出行成本的作用在 $p \leqslant 0.10$ 的水平下不显著。另一方面，通勤者本身的个体/家庭的社会经济属性特征对其交通方式选择也有非常重要的影响。比如，随着家庭拥有的小汽车数量的增加，通勤者选择小汽车的概率会大大提升；而电动车数对选择小汽车和公交都有非常显著的阻碍作用；当家庭人口数比较多时，通勤者更倾向于选择公交出行，可能是由于小汽车或电动车的数量的限制；与女性相比，男性更愿意选择小汽车作为通勤方式；与高收入水平（月工资高于 5000 元）的人群相比，中低收入水平的通勤者选择小汽车的概率偏低，并且月工资低于 2001 元的通勤者的概率最低；至于学历水

平，与具备初中或以下学历的通勤者相比，高中、本科或以上学历的通勤者更可能选择公交出行，而本科或以上学历的通勤者选择小汽车出行的概率也相对较高。这些结果在第 3 章和第 4 章以及相关研究中已经得到证实，在此不作详细解释，仅作为与下文集成模型对比的一个基础。

7.4.2 模型 2 及其估计结果

模型 2 中并未考虑分组模型的作用，理论框架如图 7.6 所示。各交通方式特定的感知成本、感知的服务水平、态度、社会规范和感知的行为控制直接影响选择该方式的行为意愿，而行为意愿和感知的行为控制这两个心理感知变量、外在可见的个体/家庭的社会经济属性以及方式属性对方式效用函数有直接影响。

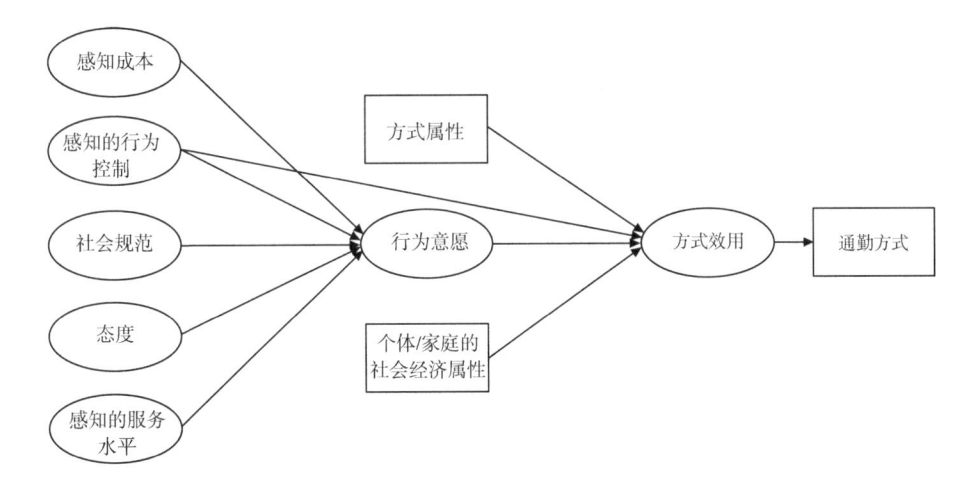

图 7.6 模型 2 的理论框架

模型 2 的估计结果如表 7.10 所示，有以下情况需要说明：①对应于每种出行方式，都有 2 个目标变量，行为意愿和出行方式；②阴影部分表示用来解释行为意愿的变量；③表 7.10 中若对应于某变量的系数处为空白，表示该变量没有用来解释该列的目标变量。

表 7.10 模型 2 的估计结果

变量		小汽车		公交		电动车	
	目标变量	行为意愿	出行方式	行为意愿	出行方式	行为意愿	出行方式
方式属性	出行时间/分钟		−0.06 (−1.86)		−0.06 (−1.86)		−0.06 (−1.86)
	出行成本/(元/月)		—		—		—

续表

变量		小汽车		公交		电动车	
	目标变量	行为意愿	出行方式	行为意愿	出行方式	行为意愿	出行方式
个体或家庭的社会经济属性	性别：男性		1.32** (9.19)		—		参照组
	学历：高中				0.44* (2.43)		
	学历：本科或以上		0.71** (3.32)		0.76** (3.18)		
	年龄：31~45 岁				−0.60** (−2.75)		
	年龄：46~60 岁				−1.00** (−3.28)		
	工资：低于 2001 元/月		−0.57** (−3.08)		−0.51** (−2.73)		
	家庭人数				0.24** (3.14)		
	小汽车数/辆		2.79** (18.65)		—		
	电动车数/辆		−0.83** (−8.66)		−0.83** (−7.78)		
	常数项	−0.99** (−20.23)	−2.61** (−5.28)	—	—	−0.82** (−11.68)	
心理感知变量	行为意愿		0.72** (8.17)		0.83** (10.18)		0.91** (12.24)
	感知的行为控制	0.31** (25.16)	0.50** (7.25)		0.16* (2.17)	0.18** (13.03)	0.31** (4.56)
	态度	0.13** (7.53)		0.14** (7.60)		0.24** (13.87)	
	社会规范	0.20** (11.45)		0.32** (17.42)		0.20** (11.01)	
	感知的服务水平	0.24** (15.51)		0.27** (15.90)		0.30** (18.62)	
	感知成本	—		—		0.03* (2.43)	

　　与模型 1 相类似，在模型 2 中，所有的通勤者被看作一个同质的整体，而没有考虑潜在类别模型；不同的是模型 2 在方式选择的效用函数中加入了扩展的 TPB。很明显地，在加入了心理感知变量的作用后，在模型 1 中有显著作用的解释变量变得不再显著。比如，工资为 2001~5000 元/月对选择小汽车的阻碍作用消失，出行时间的负效用仅在 $p \leq 0.10$ 的水平下显著；或者对通勤方式决策的影响变小，如性别和交通工具拥有量。作为与后续模型对比的基础，在此仅对模型估计结果进行简单分析。在所有的变量中，小汽车数量对方式选择的影响最大（2.79）。至于扩展的 TPB 在该离散选择模型中发挥的作用与 7.3 节相似，态度、社会规范和感知的服务水平对三种方式的使用意愿都有非常显著的影响，而感知的行为控制和感知成本对使用公交的意愿的影响并不显著，这可能是由于研究对象比较熟悉当地的公交系统，并且公交票价很低，他们并不认为自己在使用公交方面存在困难或者经济能力的约束。在不考虑方式使用习惯的情况下，行为意愿

和感知的行为控制都显著影响通勤方式的选择行为，并且前者的作用要明显大于后者，此时小汽车、公交和电动车的使用均显示为慎重考虑后的结果，即要经过感知-意愿-行为这种多层作用过程。

7.4.3 模型3及其估计结果

与模型1和模型2不同，以下的三个模型考虑了"群组效应"的存在，通过分组模型对通勤者进行细分，对比分析组间差异，以及各组方式选择和心理偏好特征。模型3以小汽车、公交、电动车的使用习惯作为分组变量，研究具备不同心理特征的出行群体，他们之间在个体/家庭的社会经济属性以及方式属性对通勤方式决策的影响上是否存在响应异质性，模型3的理论框架如图7.7所示，估计结果如表7.11所示。

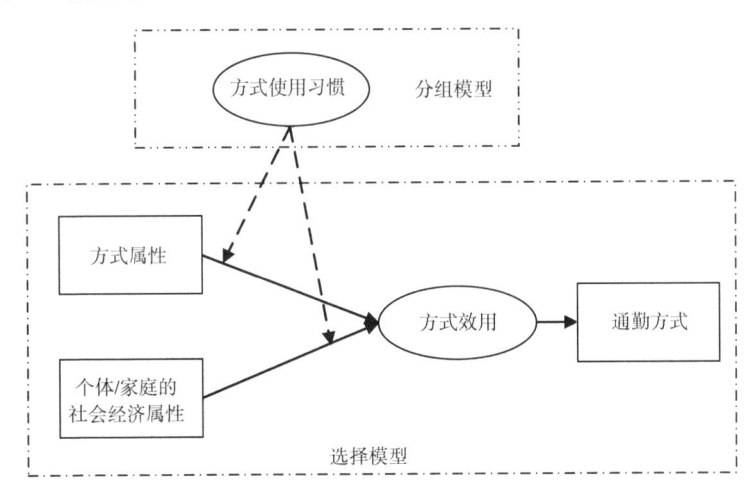

图 7.7 模型3的理论框架

以下两点需要说明。①由于模型5扩展的TPB和潜在类别的集成模型为本章研究的重点，前面几个模型均可看作模型5的"子集"，它们群组的命名是在参照各模型自身估计结果的基础上对各组的顺序进行重新排列，与模型5保持一致，具体命名原则如7.4.5节所示，在此不进行赘述。很明显地，组1"电动车组"、组2"小汽车组"和组3"公交组"与分组模型的结果十分契合。②为保证模型能够正常收敛，选择模型的部分解释变量包括高中学历、本科或以上学历、31～45岁和46～60岁对应于同一通勤方式的系数被固定为在组间保持相同，其他变量的系数仍然在组间存在差异性。

表 7.11 模型 3 的估计结果

变量			组1 小汽车	组1 公交	组2 小汽车	组2 公交	组3 小汽车	组3 公交
选择模型		常数项	−11.36** (−3.12)	−9.29** (−3.10)	−1.86* (−2.08)	—	—	2.17* (2.21)
	方式属性	出行时间/分钟	−0.29** (−2.65)		−0.17** (−3.28)		—	
		出行成本/(元/月)	0.21** (3.26)		—			
	个体/家庭的社会经济属性	性别：男性	7.10** (2.75)	2.59* (1.97)	1.87** (4.41)	0.84 (1.78)	—	−1.48** (−3.29)
		学历：高中	0.59(1.91)	—	0.59(1.91)	—	0.59(1.91)	—
		学历：本科或以上	1.70** (3.66)	1.60** (3.42)	1.70** (3.66)	1.60** (3.42)	1.70** (3.66)	1.60** (3.42)
		年龄：31~45岁	—	−0.68 (−1.84)	—	−0.68 (−1.84)	—	−0.68 (−1.84)
		年龄：46~60岁	—	−0.98* (−2.04)	—	−0.98* (−2.04)	—	−0.98* (−2.04)
		工资：低于2001元/月	—	3.97* (2.23)	—	—	—	−0.92* (−2.04)
		家庭人数	0.72(1.87)	—	—	—	—	0.58* (2.29)
		小汽车数/辆	3.21** (4.73)	2.55** (2.57)	5.25** (11.64)	—	3.35** (3.66)	—
		电动车数/辆	−3.94** (−3.34)	—	−1.14** (−5.64)	−1.03** (−3.74)	—	−1.18** (−3.82)
	样本比例		40.7%		49.5%		9.8%	
分组模型	使用习惯_公交		参照组		0.33* (2.47)		2.13** (9.34)	
	使用习惯_小汽车				1.72** (10.58)		—	
	使用习惯_电动车				−1.85** (−11.41)		−2.32** (−10.38)	
	常数项				0.70** (3.94)		−1.92** (−5.66)	

根据表 7.11 的估计结果，对各种方式持不同使用习惯强度的群体，同一个体/家庭的社会经济属性变量或同一方式特征对某特定方式的影响存在显著差异性。以出行成本为例，对电动车组来说，出行成本对方式选择决策的作用为正，而在小汽车组和公交组这两个组中，出行成本的系数为负（尽管不显著）；各个群组中性别对方式选择的影响也不同，在电动车组和小汽车组中，男性选择小汽车和公交的概率都高于女性，相反地，公交组中，男性选择公交的概率低于女性；如果将所有的通勤者看作一个群体而不作区分，这种正负抵消作用对出行成本的影

响以及性别对公交选择的影响接近于 0，这正是模型 1 所产生的结果。此外，出行时间、月收入、家庭人数、小汽车和电动车数对交通方式选择行为的影响在各组间也存在很明显的区别。

总之，模型 3 的结果表示了具备不同心理素质的出行者，具体表现为各交通方式不同的使用习惯，他们的通勤方式决策受到不同因素的影响，或者是同一因素的不同程度的影响，从而直接证实了响应异质性的存在。当然，这里的因素都是指客观的外在因素，包括个体/家庭的社会经济属性和选择项特征。

7.4.4 模型 4 及其估计结果

如之前所介绍的，模型 4 中考虑了没有具体分组变量的分组模型，而选择模型中加入了完整的扩展的 TPB 模型，即感知-意愿-行为的多层作用结构。一方面用于分析在没有使用习惯变量作用的情况下，各组通勤方式决策的性质，从而与最终的集成模型的对应组进行对比；另一方面模型 4 内部进行组间的对比，进一步探讨心理感知变量在行为建模中的作用。

模型 4 的理论框架如图 7.8 所示，表 7.12 给出了具体的估计结果。同样地，根据最终模型的结果对模型 4 的分组顺序进行调整，组 1 "电动车组" 为参照组，组 2 为 "小汽车组"，组 3 为 "公交组"。

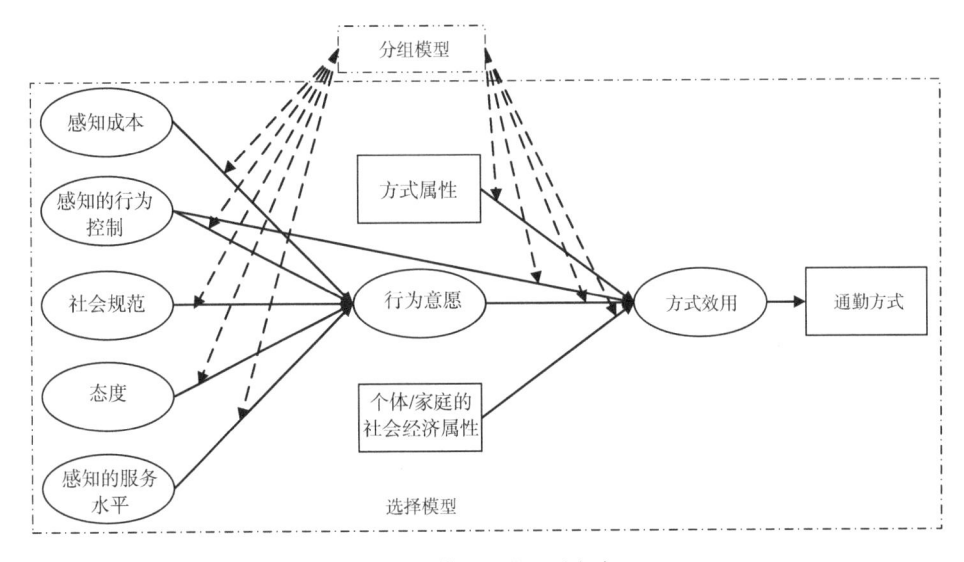

图 7.8 模型 4 的理论框架

表 7.12　模型 4 的估计结果

变量			组 1		组 2		组 3	
			小汽车	公交	小汽车	公交	小汽车	公交
选择模型		常数项	−3.81** (−3.74)	—	−2.59* (−2.45)	—	—	—
	方式属性	出行时间/分钟	—	—	—	—	—	—
		出行成本/(元/月)	—	—	—	—	—	—
	社会经济属性	性别：男性	1.75** (6.04)	−0.84** (−2.58)	1.37** (3.85)	—	—	—
		学历：高中	—	0.46*(2.34)	—	0.46*(2.34)	—	0.46*(2.34)
		学历：本科或以上	0.80** (3.47)	0.81** (3.14)	0.80** (3.47)	0.81** (3.14)	0.80** (3.47)	0.81** (3.14)
		年龄：31～45 岁	—	−0.63** (−2.70)	—	−0.63** (−2.70)	—	−0.63** (−2.70)
		年龄：46～60 岁	—	−1.03** (−3.12)	—	−1.03** (−3.12)	—	−1.03** (−3.12)
		工资：低于 2001 元/月	−1.14** (−2.89)	−1.18** (−3.36)	—	—	—	—
		6～18 岁的孩子	—	—	—	−0.64 (−1.75)	—	—
		家庭人数	—	0.27* (1.99)	—	—	−0.89* (−2.02)	—
		小汽车数/辆	4.79** (7.82)	−1.08** (−2.74)	1.62** (5.79)	—	2.74** (3.96)	—
		电动车数/辆	−0.65** (−3.69)	−1.26** (−5.23)	−1.40** (−5.44)	−0.68** (−2.71)	—	—
	样本比例		79.1%		15.6%		5.3%	
分组模型	常数项		参照组		−0.98**(−6.28)		−2.27**(−14.26)	

该选择模型的结果与之前几个模型的结果存在一定程度的吻合，但是出于与模型 5 形成对比的考虑，分组模型中没有解释变量，分组结果可能与实际情况存在一定程度的偏差，在进行结果解释时需要引起注意。由于客观的个体/家庭的社会经济属性和方式属性对通勤方式决策的差异化影响在前面已经进行详述，在此仅关注各组中扩展的 TPB 中心理感知变量间的作用关系以及它们对方式决策的影响，如表 7.13 所示。

表 7.13 心理感知变量对方式选择的影响

因子	小汽车 行为意愿	小汽车 出行方式	公交 行为意愿	公交 出行方式	电动车 行为意愿	电动车 出行方式
组 1 电动车组							
Attitude	0.15**（6.34）		0.26**（8.10）		0.36**（12.83）	
SN	0.18**（7.82）		0.37**（11.43）		0.08**（2.85）	
PBC	0.43**（23.31）	—	—	—	0.27**（11.14）	—
PS	0.24**（11.51）		0.24**（8.97）		0.29**（11.73）	
PC	—					
BI		1.39**（5.86）		1.37**（7.02）		1.39**（8.04）
组 2 小汽车组							
Attitude	0.12**（3.02）					
SN	0.15**（3.61）		0.20**（3.26）		0.46**（8.58）	
PBC	—	0.53**（3.97）				0.26（1.89）
PS	0.25**（7.08）		0.37**（7.31）		0.32**（7.21）	
PC	—					
BI		0.60*（2.29）		0.33（1.88）		0.55**（3.57）
组 3 公交组							
Attitude	—					
SN	0.16**（3.05）				0.24**（2.93）	
PBC	0.10*（2.20）	—		—	0.14（1.95）	0.88**（2.84）
PS	0.14**（2.99）					
PC	—		0.41**（3.93）		0.33**（5.37）	
BI		—		—		0.78*（2.10）

在不考虑方式使用习惯强度的情况下，电动车组和小汽车组对于各种方式的选择决策以及公交组对于电动车的选择，均须经过感知（态度、社会规范、感知的行为控制、感知成本和感知的服务水平）-意愿-行为的过程，体现了这种决策过程的审慎和完整，通勤者需要在综合考虑各种因素后，形成对特定方式的使用意愿，并得出最终的选择行为。尤其是在电动车组中，除了感知成本外，其他感知因素均对行为意愿有非常重要的影响，从而间接作用于最终的方式决策，表明该组成员在进行通勤方式选择决策时的相对慎重。小汽车组和电动车组之间存在一定程度的相似性，可能由于这两种方式同属于私人交通工具。相对地，公交组对于小汽车和公交的选择决策并未受到这些感知因素和行为意愿的直接或间接影

响；在该组中，行为意愿对小汽车选择的影响不显著，可能是由于小汽车的购买和使用成本较高，公交组通勤者没有小汽车，这种外在客观因素的限制控制了心理因素对选择行为的影响；同样，对公交的行为意愿，仅受到感知成本作用，说明对公交组来说，受到经济能力的限制，感知成本的高低对公交使用意愿有决定性的作用，而在其他两组中，感知成本对任何一种方式的行为意愿均没有显著影响。

7.4.5 模型5及其估计结果

模型5中同时在分组模型和选择模型中考虑潜变量的影响，具体而言，在各出行方式的效用函数中，加入对小汽车和公交的使用意向；在分组模型中，加入使用小汽车和公交的习惯。在前四类模型的基础上，模型5将验证具备不同出行方式使用习惯的出行者，他们对各种方式的使用意向在方式选择决策中发挥的作用是否存在显著差异。模型5的理论框架如图7.1所示。

考虑到变量间关系的复杂性，表7.14中仅给出了分组模型的估计结果，以及各组选择模型中可见的方式属性、个体/家庭的社会经济属性变量对方式选择行为的影响，而扩展的TPB中变量间的作用关系及组间异质性如表7.15所示。下面，首先对表7.14中的估计结果进行详细分析。

表7.14 模型5的估计结果

	变量		组1		组2		组3	
			小汽车	公交	小汽车	公交	小汽车	公交
选择模型		常数项	−5.09** (−3.07)	—	−3.60** (−2.66)	—	—	3.45** (3.17)
	方式属性	出行时间/分钟	−0.17* (−2.54)					
		出行成本/(元/月)	—		0.09* (2.36)			
	个体/家庭的社会经济属性	性别：男性	3.09** (4.92)		1.47** (3.59)	2.01* (2.42)		−1.21** (−3.35)
		学历：高中	1.27** (2.61)					0.69 (1.71)
		学历：本科或以上	1.79** (2.87)					1.96* (2.49)
		年龄：31~45岁	—			−3.03** (−3.01)		—
		年龄：46~60岁	—	−1.84 (−1.81)		−3.78* (−2.35)		—

续表

变量		组 1		组 2		组 3	
		小汽车	公交	小汽车	公交	小汽车	公交
选择模型 个体/家庭的社会经济属性	工资：低于 2001 元/月	—	—	−0.91 (−1.86)	—	−1.03* (−2.02)	−1.26** (−3.40)
	家庭人数	—	—	—	—	—	0.33（1.89）
	小汽车数/辆	2.25** (6.64)	—	4.78** (8.64)	2.17** (2.91)	2.35** (4.87)	−0.8* (−2.19)
	电动车数/辆	−1.50** (−4.10)	−0.59 (−1.81)	−1.01** (−4.60)	−0.93* (−2.35)	−0.77** (−2.79)	−1.06** (−4.67)
	样本比例	38.5%		42.6%		18.9%	
分组模型	常数项	0.82**（3.17）		1.33**（5.13）		参照组	
	使用习惯_公交	−1.76**（−9.25）		−1.90**（−10.14）			
	使用习惯_小汽车	−0.71**（−3.56）		1.30**（6.46）			
	使用习惯_电动车	2.55**（11.99）		0.68**（3.74）			

表 7.15　心理感知变量对方式选择的影响

因子	小汽车		公交		电动车	
	行为意愿	出行方式	行为意愿	出行方式	行为意愿	出行方式
组 1 电动车组						
Attitude	0.11**（4.05）		0.09**（2.86）		0.12**（3.95）	
SN	0.25**（9.06）		0.38**（12.02）		0.06*（2.02）	
PBC	0.26**（11.26）	0.54*（2.53）	−0.09**（−3.46）	—	0.22**（8.35）	0.48*（2.44）
PS	0.17**（6.78）		0.25**（8.88）		0.13**（4.83）	
PC					0.10**（4.38）	
BI		—		—		—
组 2 小汽车组						
Attitude	0.08*（2.38）		0.17**（5.19）		0.25**（8.02）	
SN	0.18**（6.31）		0.27**（8.66）		0.21**（6.72）	
PBC	0.11**（4.77）	0.62**（3.58）	—	0.50（1.83）	0.14**（6.63）	
PS	0.29**（9.50）		0.27**（9.76）		0.27**（10.83）	
PC	—		−0.07**（−2.64）		—	
BI		—		—		0.84**（3.30）
组 3 公交组						
Attitude	0.08（1.76）		—		0.13**（3.04）	
SN	—		0.15**（2.98）		0.33**（7.02）	

续表

因子	小汽车		公交		电动车	
	行为意愿	出行方式	行为意愿	出行方式	行为意愿	出行方式
组 3 公交组						
PBC	0.30^{**}（8.82）	—	0.10[*]（2.42）	—	0.09^{**}（2.58）	0.62^{**}（3.26）
PS	0.29^{**}（6.86）		0.15^{**}（3.38）		0.29^{**}（6.61）	
PC	—		0.16^{**}（3.70）		0.09[*]（2.51）	
BI		0.57[*]（2.42）		0.64^{**}（3.20）		

（1）结合选择模型和分组模型的结果，发现：①在三种方式的使用习惯上，组 1 成员具有极强的电动车使用习惯，而较强的公交和小汽车使用习惯降低了出行者属于组 1 的概率，因此，可认为组 1 为"电动车组"。②组 2 成员表现出极强的小汽车使用习惯，尽管电动车的使用习惯也会在一定程度提高出行者属于组 2 的概率，但这种作用明显低于小汽车使用习惯所产生影响。此外，从选择模型可以看出，家庭小汽车数量对小汽车和公交的选择都有显著的正面影响，而电动车的数量产生完全负面的影响，因此，将组 2 命名为"小汽车组"。③尽管组 3 为参照组，但选择模型中相对于公交的常数项为 3.45，而其他两组中该常数项尽管不显著，但其符号均为负，可认为组 3 成员对公交有内在的偏好，即"公交组"。

（2）出行方式特征：对于电动车组来说，出行时间的增加会大大降低他们选择各方式的概率，而时间因素对小汽车组没有显著影响。相反地，出行成本对他们的方式选择有正面的影响，这可能是由于小汽车组一般具有较强的经济实力（这在第 4 章中已经得到证实），他们有能力选择最舒适、快捷的方式并能够承担起所带来的成本。出行成本的增加通常伴随着出行时间的缩短，出行成本最高的方式可能意味着其出行时间最短，在这种情况下，小汽车组更愿意也有能力选择出行时间最短（即出行成本最高）的方式；出行时间和出行成本对公交组的影响都不显著。

（3）个体/家庭的社会经济属性：一方面，在选择模型中加入行为意愿和感知的行为控制后，部分个体/家庭的社会经济属性变量对方式选择的影响不再显著。另一方面，同一项个体/家庭的社会经济属性变量在不同群组中对方式选择的影响确实存在显著差异。以性别为例，男性的电动车组选择小汽车的概率高于女性，男性的小汽车组选择小汽车和公交的概率均高于女性，而对于公交组来说，男性选择公交的概率则显著低于女性；这种结果表明个体/家庭的社会经济属性变量对方式选择的影响是建立在出行者本身的方式偏好（或使用习惯）的基础上的。在所有个体/家庭的社会经济属性变量中，交通工具的拥有情况对方式选择的作用在三个组中均十分显著，尽管电动车数量显著降低了小汽车和公交的选择概率，但这种抑制作用在不同组中的强度是不同的，电动车组对选择小汽车的抑制作用最强，公交组对选择公交的抑制作用最为明显。

从表 7.15 可知，各组间心理感知变量间的作用关系以及它们对方式选择行为的影响存在着非常显著的差别，具体有以下几点。

（1）在极强的电动车使用习惯的作用下，组 1 中各出行方式的行为意愿对出行方式的选择均没有显著作用，即当出行者在长期的电动车使用中养成了极强的使用电动车的习惯后，他们在进行通勤方式选择时，不会进行深思熟虑，而是表现出一种无意识的自动化行为，一旦遇到相同（相似）的情境，他们会根据以往的习惯做出一贯的决定。

（2）对于小汽车组而言，他们具有非常强烈的使用小汽车的习惯，他们对于小汽车和公交的选择并不取决于由扩展的 TPB 所决定的理性决策过程，而是遵循以往的习惯；然而，当他们做出电动车的最终选择时，这个决定是由他们使用电动车的意愿决定的，而这个意愿又受到他们对电动车的态度、来自家人或朋友对他们使用电动车的压力、感知的使用电动车的难易程度以及感知的电动车的安全性、舒适性和方便性等因素的影响，也就是说，这是在综合考虑多方因素的前提下做出的理性决策。

（3）与前面两组相比，公交组表现出完全不同的决策机制，尽管该组成员对公交具有内在偏好和使用习惯，然而每次他们做出的使用公交作为通勤方式的决定，并不是由之前的习惯所决定的，而是经过深思熟虑后的结果。公交组会考虑家人或朋友对使用公交的态度、使用公交的一些外在限制因素（如线路走向、时间安排等）、感知的公交服务水平以及使用成本，这些因素决定他们使用公交的意愿，进而最终选择公交；此时，使用小汽车的决策也要遵循扩展的 TPB 框架所表示的过程。通常情况下，公交组的经济承受能力比较低，而小汽车的使用成本相对较高，他们对于是否使用小汽车是要经过慎重考虑的；然而，电动车的使用决策则表现为一种无意识行为，尽管所有的感知因素都对使用电动车的行为意愿有非常重要的影响，但是该意愿并没有对最终的方式选择起决定性作用。

（4）至于在扩展的 TPB 框架中，态度、社会规范、感知的行为控制、感知的服务水平和感知成本对行为意愿的影响在三个群组之间也有重要的区别。对于电动车组而言，对他们的小汽车、公交和电动车使用意愿的决定性因素分别是感知的行为控制、社会规范和感知的行为控制，也就是说该组出行者使用小汽车和电动车意愿取决于他们本身所感知到的使用该方式的难易程度，而对公交的使用意愿则取决于周边家人和朋友的态度，广义上可以认为是否处于一个公交导向的社会环境；而小汽车组关于这三种方式行为意愿的决定性因素均为感知的服务水平,这种结果非常合理,小汽车组的经济承受能力决定了他们可以选择最舒适、安全和便捷的通勤方式,因此,这三种方式的行为意愿全部受到感知的服务水平的重要影响;决定公交组的行为意愿的主要因素分别是感知的行为控制、感知成本和社会规范,他们对小汽车的行为意愿取决于对自身能力的认识。

以上结果证实,具有不同心理特征的出行者,在他们的通勤方式决策过程中,相同的心理感知因素发挥的作用存在非常显著的差异。具体而言,具有不同方式使用习惯强度的出行者,他们选择决策的性质截然不同。尽管之前的研究也发现了不同交通方式的使用决策性质是不同的,但他们简单地认为选择小汽车作为通勤方式更可能是一种习惯性行为,而乘坐公交上班应该是由意愿决定的理性行为[181]。本章 TPB-LCCM 证实了这并不是一个普适性的结论,而要根据出行者本身的心理特征进行确定,即当出行者具有较强的使用电动车或小汽车的习惯时,开小汽车和乘坐公交上班更可能是特定情境下的习惯行为,而当出行者具有较强的使用公交的习惯时,使用这两种方式的行为在很大程度上是慎重决策的结果。

7.5 后验分析

7.5.1 习惯的调节作用

通过表 7.13 和表 7.15 的对比,可以明确使用习惯在各组通勤方式决策过程中的作用,并进一步标示该过程的性质,如表 7.16 所示,其中"deliberation"表示决策结果为慎重考虑各方因素后的理性决策行为,而"automation"表示决策结果为在特定情境下的无意识自动行为。

表 7.16 方式决策过程的性质

分组	通勤方式	未考虑习惯作用 deliberation	未考虑习惯作用 automation	考虑习惯作用 deliberation	考虑习惯作用 automation
电动车组	小汽车	√			√
电动车组	公交	√			√
电动车组	电动车	√			√
小汽车组	小汽车	√			√
小汽车组	公交	√			√
小汽车组	电动车	√		√	

续表

分组	通勤方式	方式决策过程的性质			
		未考虑习惯作用		考虑习惯作用	
		deliberation	automation	deliberation	automation
公交组	小汽车		√	√	
	公交		√	√	
	电动车	√			√

针对表 7.16 的结果,可以得到以下结论。

(1) 很明显,习惯因素的加入在很大程度上改变了单独考虑扩展 TPB 框架的结果,即或者从 deliberation 变化为 automation,或者从 automation 转变成 deliberation。这种结果证实在利用 TPB 分析交通出行行为时,方式使用习惯所发挥的不可忽视的调节作用。

(2) 在不考虑习惯因素的作用时,大部分的通勤方式决策结果受控于感知-意愿-行为这种多层作用关系,行为意愿对方式选择有至关重要的作用,称该过程为"a deliberate and rational process"(一个深思熟虑和理性的过程);当各方式的使用习惯被作为分组变量加入模型后,几乎所有的决策过程,除了小汽车组对电动车的选择、公交组对小汽车和公交的选择之外,都不再受到扩展的 TPB 变量的影响,而使用习惯占据了主导地位,也就是说,对于具备特定方式使用习惯的出行群体,他们在进行通勤方式选择决策时,对各方面信息考虑得非常少,如其他可选交通方式和自己的心理感知因素,而仅受到习惯因素的驱动,称该决策为"a habitual and automatic behavior"(一种习惯性和自动的行为)。

(3) 在扩展的 TPB 和潜在类别的集成模型中,不同出行群体对于各种方式的决策行为存在高度的组间异质性。在这种结果下,并不能简单地将某特定方式的决策定性为"a deliberate and rational process"或者"a habitual and automatic behavior",而要视情况具体确定。

7.5.2 统计验证

为了进一步验证集成模型 5 的合理性,根据个体出行者分别属于组 1、组 2 和组 3 的概率,将他们划分到具有最大隶属概率的组内,然后进行统计分析和组间对比。各组的统计描述如表 7.17 和表 7.18 所示。

表 7.17　TPB-LCCM 框架下各组的统计描述（一）

属性		电动车组（40.0%）	小汽车组（42.9%）	公交组（17.1%）
性别	女	47.65%	32.45%	49.45%
	男	52.35%	67.55%	50.55%
学历水平	初中或以下	68.34%	45.11%	52.98%
	高中	22.57%	30.65%	26.71%
	本科或以上	9.09%	24.24%	20.31%
年龄	≤30 岁	11.60%	14.75%	20.74%
	31～45 岁	71.22%	73.24%	66.23%
	46～60 岁	15.44%	11.36%	11.04%
	≥61 岁	1.74%	0.65%	1.99%
个人月收入	低于 2001 元	26.88%	11.44%	23.40%
	2001～5000 元	64.97%	52.01%	65.12%
	高于 5000 元	8.15%	36.55%	11.48%
家里是否有孩子	没有孩子	9.80%	12.01%	18.32%
	小于 6 岁	10.82%	13.60%	13.25%
	6～18 岁	70.92%	65.83%	56.73%
	18 岁以上	8.46%	8.56%	11.70%
通勤方式	电动车	93.65%	12.66%	19.43%
	公交	1.96%	1.58%	56.51%
	小汽车	4.39%	85.76%	24.06%

表 7.18　TPB-LCCM 框架下各组的统计描述（二）

属性		电动车组（40.0%）	小汽车组（42.9%）	公交组（17.1%）
家庭人口数		6/1/3.71（1.03）	6/1/3.64（1.04）	6/1/3.54（1.07）
私人交通工具/辆	小汽车	3/0/0.30（0.53）	3/0/1.10（0.61）	3/0/0.55（0.64）
	电动车	4/0/1.64（0.72）	4/0/1.04（0.82）	4/0/1.17（0.79）

注：表中数值分别为最大值/最小值/均值（标准差）

尽管各组的命名与 5.4 节"基于潜在类别的通勤出行方式选择分析"相同，然而这两个模型存在很重要的差别，具体表现在：①分组变量的不同，5.4 节采用社会经济属性作为分组变量，而本章采用各种交通方式的使用习惯进行分组；②选择模型的解释变量不同，5.4 节采用各出行方式的属性特征对选择行为进行解释，而本章在选择模型中建立扩展的 TPB 框架，从社会心理学的角度研究通勤方式选择行为；③研究目的不同，综合①和②，5.4 节重点研究不同群组对出行方式属性的响应差异，而本章将问题进行深入和升华，TPB 和 LCCM 相结合，一方面探讨具有不同方式使用习惯的个体/群体，他们的感知-意愿-行为决策过程的异质性，另一方面用来确定态度对该决策过程的调节作用，即通勤方式的选择倾向于是无意识的自动行为还是慎重考虑后的理性决策。

很明显地，各组的统计特征包括个体/家庭的社会经济属性、通勤方式选择，与模型5所得的结果非常一致。

7.6 本章小结

本章主要是对前面6章内容的升华，实现了对潜变量模型和潜在类别模型的集成，同时在选择模型和分组模型中加入潜变量，从而探讨具备不同心理特质的出行群体，他们的心理感知变量在通勤方式选择决策中所发挥的作用是否相同。具体而言，扩展的TPB，包括态度、社会规范、感知的行为控制、感知成本和感知的服务水平及行为意愿，即感知-意愿-行为这种多层作用结构被完整地加入到选择模型，而分组模型以各方式的使用习惯作为解释变量，这种作用可用于确定各交通方式使用决策的性质以及使用习惯对感知-意愿-行为过程的调节作用。

最终模型的构建是一个由浅入深、不断丰富的过程。①扩展的TPB对方式选择行为有很好的解释能力，其中行为意愿对使用习惯的影响最为重要，而其他感知因素通过对行为意愿的作用对使用习惯产生间接影响；②使用习惯在通勤方式选择决策中发挥重要的调节作用；③具备不同心理特征的出行群体，在他们的通勤方式选择决策过程中，不仅个体/家庭的社会经济属性和选择项特征发挥的作用存在组间异质性，扩展的TPB下的各感知因素和行为意愿间的影响关系以及它们对最终方式选择的影响也显著不同；④不同群组对各方式的选择决策性质是不同的，在考虑习惯作用时，电动车组对三种方式的选择、小汽车组对小汽车和公交的选择、公交组对电动车的选择均表现为"a habitual and automatic behavior"，而小汽车组选择电动车的决策、公交组选择小汽车和公交的决策则可被视为"a deliberate and rational process"。

本章是通过对社会心理学和行为学的融合，实现对交通出行行为的分析，结果再次证明了活动-出行决策选择中异质性的存在及其发挥的重要作用。相应的交通需求管理也应在掌握出行者心理诉求和这种诉求差异性的基础上，实现引导政策和管理措施的区别化，确保每种政策、措施都有针对的因素和具体作用的对象，从而在最大程度上保证结果的有效性。

第 8 章　总结与展望

8.1　本书研究总结

　　近年来，随着经济的快速发展以及城市化进程的不断加快，城市范围内出行总量呈指数化增加，同时收入和生活水平的提高使得人们对私人交通工具的需求大幅攀升，这些现象直接或间接地加剧了城市道路交通的拥挤和混乱以及环境污染的程度，并会进一步影响人们的生活质量和社会的可持续发展。为了防止这些问题的进一步恶化，最持久有效的措施就是对人们的活动-出行行为进行调控，引导出行者的选择行为向着对整个道路、交通以及城市有益的方向转变。为了保证这种转变的可行性，势必要对人们的活动-出行决策过程有全面深入的认识，掌握影响人们行为决策的关键因素。然而，个体的活动-出行决策表现出强烈的异质性，一方面，个体/家庭的社会经济属性以及选择项特征无法对人们的选择行为做出合理的解释，行为"黑箱"中与人们的心理感知相关的潜变量能从个体的心理偏好特征出发，强化对选择行为的认识；另一方面，对于不同的人群，他们的行为受到不同因素的影响，即使是同一影响因素，它的作用在各组间也不尽相同。比如，出行者十分关注自身行为所带来的环境影响，部分人群对出行安全性的考虑更多，还有出行者重视出行方式所带来的方便性和舒适度。

　　因此，从异质性的角度出发，本书在以下几个方面对活动-出行决策行为进行了相关实证研究工作。

　　（1）直接将反映个体不可见的偏好异质性的心理潜变量纳入 SEM，来对离散-连续的五个活动-出行决策维度进行集成分析，包括生计活动、维持活动和休闲活动这三类活动时间的分配决策，以及通勤方式和出发时间这两项与通勤相关的出行决策。模型结果证实了多维活动-出行选择决策间的相互作用关系，其中通勤方式的选择以及休闲活动的分配时间明显取决于生计活动的持续时间，生计活动持续时间越长，选择公交作为通勤方式的可能性越低，一旦通勤方式被确定，其他非工作活动的时间分配决策会受到一定的影响；由于时间资源的有限性，个体倾向于按照生计活动-维持活动-休闲活动这个优先次序来安排他们的日活动。

此外，两个与个体方式偏好相关的心理变量对这五类决策行为有非常明显的解释作用，有助于认识在"黑箱"下的决策过程；出行者对小汽车的偏好心理会增加他们分配给维持活动的时间，而明显减少生计活动的持续时间；相对地，出行者对公交的偏好心理会使他们减少参与休闲活动的时间；而对每一种交通出行方式的偏好心理都会对相应方式的选择产生促进作用。对活动-出行决策体系的深入探讨能够为交通需求管理政策提供一定的建议。比如，考虑到通勤方式和出发时间之间的关系，本书的结果可以用于缓解高峰时段的交通拥挤；而通勤方式对维持活动和休闲活动的影响可以用于指导新公交车站、购物中心或超级市场的选址决策。

（2）将反映个体异质性的心理潜变量纳入离散选择模型，建立 ICLV 模型。首先，对 ICLV 模型目前常用的三种估计方法进行基于仿真数据的比较，包括序列估计法、MSL-GHK 法和 MACML 法，其中后两种属于同时估计法。对比结果证实，不论样本容量的大小，在参数估计的无偏性和有效性方面，MACML 法和 MSL-GHK 法这两种同时估计法均胜过序列估计法。此外，MACML 法优于序列估计法和 MSL-GHK 法，主要体现在 MACML 法所得参数估计具备更好的相合性、有效性和稳健性，该对比结果证实了 MACML 法在实际应用中可能存在的价值。其次，建立基于多项 probit 的 ICLV 模型，分析出行者的通勤方式选择决策。结果表明，具备不同社会经济属性的通勤者对各种出行方式的心理态度及感知不同。通勤者对某种出行方式的态度不仅影响他们对该方式的选择，还会对其他方式的选择产生影响。比如，对公交车有厌恶情绪的通勤者非常不愿意选择这种方式，而更容易选择小汽车；对电动车持积极态度的通勤者选择电动车的概率更大，而不愿意选择小汽车或公交车作为通勤方式。在制定交通需求管理政策及进行交通系统规划时，必须全面掌握出行者的态度、偏好等心理因素，从而更有效地引导甚至改变他们的出行行为，促进交通系统的可持续发展。

（3）对出行群体进行分组，探讨各组间活动-出行决策行为的响应异质性。①从时间角度探究无序骑行数据背后隐藏的骑行规律和行为模式。基于日骑行记录的聚类分析表明，每个工作日的骑行人群可以分为 2 组，周末的骑行人群可以分为 3 组，每一组有具备独特的骑行开始时间和骑行时长；对于星期一的第 2 组骑行者来说，共享单车可能是他们的主要交通方式，而非公共交通的接驳工具。②基于心理潜变量的组合对出行群体进行分组，分析连续的时间分配决策。公交组、小汽车组和电动车组分别对公交、小汽车和电动车表现出正向的偏好，而对其他两种方式持负面的态度，并且各组之间在社会经济特征、对各种出行方式的心理性偏好以及各项活动和出行上的时间花费，均存在显著性差异。多群组结构方程分析发现各组出行者的生计活动、维持活动、休闲活动和出行所消耗的总时间或者受到不同因素的影响，或者受到来自相同因素的不同程度的影响，从而直接证实了各组异质的活动-出行时间分配决策机制。③采用 LCCM 对出行群体进行基于潜在类别的概率分组，分析离散的通勤方式选择决策。选择模型不仅考虑了各种出行方式客观的出行时间和出行成本，还包含能够反映它们特征的主观属性，即出行者对舒适性、安全性、方便性和成本的评价。电动车组对电动车这种出行方式具有强烈的偏好，他们在进行出行方式决策过程中，非常看重舒适性，而对安全性的考虑较少；小汽车组最为重视舒适性，对出行成本的敏感程度非常低；而公交组极为看重出行方式的方便性，感知的出行成本对他们方式选择决策的影响并不显著。此外，与出行时间相对应的系数表明公交组对时间是不敏感的，可能是此类人群享受乘坐公交的过程，他们可以在乘车的过程中进行一些休闲类的活动。相对地，电动车组和小汽车组都属于时间敏感型人群。②和③两部分从群体细分的角度对异质性进行了深入细致的探讨，交通管理部门需要针对不同人群差异的偏好进行管理政策的制定。

（4）将异质性的两个表现方面，即表示偏好异质性的潜变量和表示响应异质性的分组聚类（确定性分组和概率性分组），进行整合。①构建基于 TPB 的绿色出行行为决策框架，考虑情感态度-认知态度协同性对该决策过程的调节作用。基于个体对小汽车的情感态度和认知态度，将研究对象聚类为相异的四组；多群组对比结果显示组群间在社会经济属性、心理感知以及绿色出行方式决策机制上存在显著的统计学差异：只有当个体持有积极的环保意识时，对减少小汽车出行的态度才对绿色出行意愿有促进作用；当对小汽车的情感态度和认知态度不协同时，社会规范对绿色出行意愿产生积极作用；当个体充分认识到驾驶小汽车对环境带来的负面影响但是同时又享受这种出行方式带来的快乐和满足时，主动感知行为控制对绿色出行意愿的影响非常微弱，呈现了个体面对绿色出行方式时决策的复杂性。②建立 TPB-LCCM 集成模型，全面探讨异质性在通勤方式选择决策过程中的作用机制。选择模型中感知-意愿-行为的多层影响关系从潜变量的角度增强了模型的行为表示能力，而分组模型采用各方式的使用习惯作为解释变量；证实了具有不同心理特征的出行者，在他们的通勤方式决策过程中，相同的心理感知因素发挥的作用存在非常显著的差异。进一步而言，不同交通方式的使用决策性质是不同的，并且要根据出行者本身的心理特征进行确定，即当出行者具有较强的使用电动车或小汽车的习惯时，开小汽车和乘坐公交上班更可能是特定情境下的习惯行为，而当出行者具有较强的使用公交的习惯时，使用这两种方式的行为在很大程度上是慎重决策的结果。该部分确定了方式使用习惯对出行方式决策制定过程的调节作用。

8.2 主要创新点

本书从异质性的角度出发,基于部分城市和地区的居民出行调查数据,对国内在活动-出行行为研究领域相对缺乏的与异质性密切相关的几个关键性问题进行了深入的分析,以期加强对个体活动-出行决策行为的认识,从而为出行需求预测以及交通需求管理政策的制定和评价提供依据与指导。本书的创新点主要有以下几个方面。

(1)在活动-出行决策行为分析的框架下,将异质性细化为偏好异质性和响应异质性。通过对这两个方面进行定性和定量的分析,并将它们进行集成,提升活动-出行决策行为分析的丰富度和实际意义。

(2)将离散-连续的多维活动-出行决策看作一个高度集成的整体,分析各决策维度的影响因素以及它们之间的相互影响。探究连续的生计活动、维持活动和休闲活动的时间分配以及离散的通勤方式与出发时间这五个方面的决策,不仅分析了活动对出行的影响,还同时考虑了出行对活动安排的反馈作用机制。在模型中加入了个体的心理偏好因素对他们行为决策结果的影响,从潜变量的角度直接考虑了个体间的偏好异质性,增强了模型的行为表示能力,同时从一组社会经济属性变量中提取了个人的社会经济地位和家庭责任两个因子,相对于大量分散的社会经济属性变量,这两个因子能更加具体形象地描述个体的生活背景,从而更好地揭示选择行为的细节。

(3)建立基于多项 probit 的 ICLV 模型分析通勤方式选择决策,并采用 MACML 法进行估计。构建反映不可见的偏好异质性的心理潜变量,并将其纳入离散选择模型,弥补了国内研究在应用和发展 ICLV 模型方面的不足;结果证实了个体的感知、偏好等心理因素对他们通勤方式选择的复杂作用机制。

(4)基于偏好异质性进行分组,探讨组间的响应异质性。没有采用传统的社会经济属性变量进行分组,而是建立一个三阶段的集成模型,因子分析-聚类分析-多群组结构方程模型。通过提取个体出行者的方式偏好因子,并根据它们对全体研究对象进行细分,在该方式下,每个子群体都具备与其他群体不同的心理特质,这种基于异质性的群体细分方式有助于识别具备特定行为动机的目标群体。

(5)采用 TPB 研究绿色出行行为时,对经典的 TPB 进行了两方面的拓展:①将感知行为控制细分为主动感知行为控制和被动感知行为控制。其中,对于公共交通和自行车的感知行为控制被看作绿色出行的激励因素,能够主动拉动绿色交通出行;而对于私家车的感知行为控制是交通管制和道路交通拥堵导致的驾车阻碍因素,能够被动推动人们从驾车转向绿色出行。②将心理学领域的关键因素即情感态度-认知态度协同性集成至绿色出行行为的研究框架中,考虑情感态度-认知态度协同性对TPB框架下绿色出行决策过程的调节作用,呈现了个体面对绿色出行方式时决策的复杂性。

(6)建立TPB-LCCM的集成模型,在选择模型和分组模型中都加入心理感知变量,提升模型对选择行为的描述能力。在选择模型中构建完整的扩展TPB框架,即考虑感知-意愿-行为这种多层作用关系,采用交通方式使用习惯作为分组变量。一方面探讨具备不同心理特征的群组之间,他们的特定心理感知变量对选择行为的影响是否表现出异质性;另一方面可用于确定各组内习惯因素对选择决策制定过程的调节作用,即通勤方式的确定是慎重考虑后的理性决策还是无意识的自动行为。

总体而言,系统深入地探讨了个体活动-出行决策选择的异质性,从潜变量和群体细分两个方面对活动-出行决策的分析模型进行了完善,并具体分析了各类离散、连续的决策行为。

8.3 研究不足与展望

本书从活动-出行选择决策所表现出的异质性的角度出发,结合我国的经济发展水平、社会文化背景及各城市居民的生活习惯,针对国内在这方面研究的相对不足,从多个方面深入细致地探讨了如何在活动-出行行为建模过程中考虑异质性,从而增强分析模型对选择行为的解释和预测能力,使模型结果更具现实意义,具备一定的参考价值。然而,活动-出行决策行为分析是一项综合性和应用性极强的研究,本书仅从其中的一个方面展开,还有很多亟待改进和解决的问题,如以下几个问题。

(1)本书对活动-出行决策行为的分析仅涵盖了各类活动和出行的时间分配、通勤方式及出发时间这几个决策维度,对这些离散-连续的决策变量间的作用关系也进行了一定的探讨。然而,其他决策如居住地类型、小汽车拥有量和活动地点等在书中没有考虑,它们都是活动-出行决策分析框架中的重要因素。后续的研究应该将这些决策纳入模型构建的过程中,从而对整个活动-出行决策过程提供更加系统的解析和认识。

(2)在反映异质性的潜变量的应用方面,本书仅考虑了个体对每种交通出行方式的感知和偏好,尽管模型结果证实了这些变量在个体活动-出行决策过程中发挥重要作用,在之后的研究中还需要考虑更多能够表示个体心理态度的因素,如环保意识、生活方式和好奇心等,进一步丰富模型的现实性。

（3）本书研究的重点在于从异质性的角度对活动-出行决策行为分析模型进行完善和拓展，并进行了一系列的实证分析来验证模型的可行性。本书针对每一项研究仅定性地提出相应的用于交通需求管理政策制定的建议。之后需要在考虑异质性的基础上，提出具体明确的行为引导政策和管理措施，并对它们对个体活动-出行行为的影响进行定量分析和评价。

参 考 文 献

[1] 易汉文. 出行预测方法从出行模型到行为模型的变革[J]. 城市交通, 2007, 5 (1): 24, 72-79.

[2] Downs A. The law of peak-hour expressway congestion[J]. Traffic Quarterly, 1962, 16(3): 393-409.

[3] 徐淑贤, 刘天亮, 王婷, 等. 空间一般均衡视角下的城市交通管理研究: 现状与趋势[J]. 交通运输系统工程与信息, 2023, 23(3): 6-19.

[4] 朱鸿伟, 田丽君, 江晓岚. 多模式出行场景下差异化激励绿色出行策略研究[J/OL]. [2023-12-22]. https://kns.cnki.net/kcms2/article/abstract?v=ZOnxTxd1G4Ir6zCTl2yWLCxNt0T9uSgj6wwAKp52duao9CYdWqnwxt1NDU6T9BBcn_4diDKg7PLNQjE_57RE9uT6sgiIBeGIXCStIU3dz73sHp5dID4rnLoUem2kcNC1MRib2WPPiCK7xyHhtx2bcq0wkrJ9iyJ82qJHUR8dQsDrkif4qpE0RsoSlf6eq9iM&uniplatform=NZKPT&language=CHS.

[5] 鲜于建川, 隽志才. 基于 Copula-持续时间模型的夫妇俩出行时间分析[J]. 系统管理学报, 2014, 23(1): 130-134, 143.

[6] Fujii S, Gärling T. Application of attitude theory for improved predictive accuracy of stated preference methods in travel demand analysis[J]. Transportation Research Part A: Policy and Practice, 2003, 37(4): 389-402.

[7] Bohte W, Maat K, van Wee B. Measuring attitudes in research on residential self-selection and travel behaviour: a review of theories and empirical research[J]. Transport Reviews, 2009, 29(3): 325-357.

[8] Gehlert T, Dziekan K, Gärling T. Psychology of sustainable travel behavior[J]. Transportation Research Part A: Policy and Practice, 2013, 48: 19-24.

[9] Ben-Akiva M, McFadden D, Train K, et al. Hybrid choice models: progress and challenges[J]. Marketing Letters, 2002, 13(3): 163-175.

[10] Walker J, Ben-Akiva M. Generalized random utility model[J]. Mathematical Social Sciences, 2002, 43(3): 303-343.

[11] Olsen S O, Prebensen N, Larsen T A. Including ambivalence as a basis for benefit segmentation: a study of convenience food in Norway[J]. European Journal of Marketing, 2009, 43(5/6): 762-783.

[12] Iungman T, Cirach M, Marando F, et al. Cooling cities through urban green infrastructure: a health impact assessment of European cities[J]. The Lancet, 2023, 401(10376): 577-589.

[13] 丁威, 杨晓光, 伍速锋. 基于活动的居民出行行为研究综述[J]. 人文地理, 2008, 23(3): 85-91.

[14] Zaragoza J, Corral A, Ikeda E, et al. Assessment of psychological, social cognitive and perceived environmental influences on children's active transport to school[J]. Journal of Transport & Health, 2020, 16: 100839.

[15] Bikker J A. An international trade flow model with substitution: an extension of the gravity model[J]. Kyklos, 1987, 40(3): 315-337.

[16] Ben-Akiva M E, Lerman S R. Discrete Choice Analysis: Theory and Application to Travel Demand[M]. Cambridge, Cambridge: The MIT Press, 1985.

[17] Wen C H, Koppelman F S. The generalized nested logit model[J]. Transportation Research Part B: Methodological, 2001, 35(7): 627-641.

[18] Train K E. Discrete Choice Methods with Simulation[M]. 2nd ed. Cambridge: Cambridge University Press, 2009.

[19] Daganzo C. Multinomial Probit: The Theory and Its Application to Demand Forecasting[M]. New York: Academic Press, 1979.

[20] Hess S, Train K. Correlation and scale in mixed logit models[J]. Journal of Choice Modelling, 2017, 23: 1-8.

[21] 陈先龙. 交通方式划分离散选择模型的比较研究[J]. 交通运输工程与信息学报, 2014, 12(2): 28-35.

[22] Lanzini P, Khan S A. Shedding light on the psychological and behavioral determinants of travel mode choice: a meta-analysis[J]. Transportation Research Part F: Traffic Psychology and Behaviour, 2017, 48: 13-27.

[23] Hasnine M S, Habib K N. What about the dynamics in daily travel mode choices? A dynamic discrete choice approach for tour-based mode choice modelling[J]. Transport Policy, 2018, 71: 70-80.

[24] Salas P, de la Fuente R, Astroza S, et al. A systematic comparative evaluation of machine learning classifiers and discrete choice models for travel mode choice in the presence of response heterogeneity[J]. Expert Systems with Applications, 2022, 193: 116253.

[25] 阿东. 基于改进型MNL模型的中小城市居民出行交通方式研究[D]. 长沙: 湖南大学, 2019.

[26] 刘建荣, 郝小妮. 基于随机系数Logit模型的市内出行方式选择行为研究[J]. 交通运输系统工程与信息, 2019, 19(5): 108-113.

[27] 何民, 曹昆, 何明卫, 等. 老年人活动空间的测度及影响因素: 以昆明市为例[J]. 深圳大学学报（理工版）, 2023, 40(2): 188-194.

[28] 庄焱, 董春娇, 米雪玉, 等. 基于随机参数Logit的中小城市居民出行方式选择建模[J]. 吉林大学学报（工学版）, 2024, 54(2): 461-468.

[29] 周耀东, 李宛华, 孙昭昱. "尾号限行"政策对居民机动车出行选择的影响研究[J]. 北京交

通大学学报（社会科学版），2022, 21(2): 100-112.

[30] Arman M A, Khademi N, de Lapparent M. Women's mode and trip structure choices in daily activity-travel: a developing country perspective[J]. Transportation Planning and Technology, 2018, 41(8): 845-877.

[31] Strathman J G, Dueker K J. Understanding trip chaining[R]. U.S. Department of Transportation Federal Highway Administration. Special reports on trip and vehicle attributes. 1990 NPTS Report Series, 1995: 1-1.

[32] Islam M T, Habib K M N. Unraveling the relationship between trip chaining and mode choice: evidence from a multi-week travel diary[J]. Transportation Planning and Technology, 2012, 35(4): 409-426.

[33] 杨励雅, 邵春福, Haghani A. 出行方式与出发时间联合选择的分层Logit模型[J]. 交通运输工程学报, 2012, 12(2): 76-83.

[34] 诸葛承祥, 邵春福, 李霞, 等. 通勤者出行时间与出行方式选择行为研究[J]. 交通运输系统工程与信息, 2012, 12(2): 126-131.

[35] 杨励雅, 李娟. 居民出行链、出行方式与出发时间联合选择的交叉巢式Logit模型[J]. 北京大学学报（自然科学版），2017, 53(4): 722-730.

[36] Hess S. Rethinking heterogeneity: the role of attitudes, decision rules and information processing strategies[J]. Transportation Letters, 2012, 4(2): 105-113.

[37] Perilla O. Motivation, limiting principles, household characteristics, urban structure, and residential choices[J]. Journal of Environmental Systems, 1972, 2(1): 21-60.

[38] Abelson R P, Levi A. Decision making and decision theory[J]. Handbook of Social Psychology, 1985, 1: 231-309.

[39] Olson J M, Zanna M P. Attitudes and attitude change[J]. Annual Review of Psychology, 1993, 44(1): 117-154.

[40] McFadden D. The choice theory approach to market research[J]. Marketing Science, 1986, 5(4): 275-297.

[41] McFadden D. Rationality for economists?[J]. Journal of Risk and Uncertainty, 1999, 19(1/3): 73-105.

[42] Cirillo C, Eboli L, Mazzulla G. On the asymmetric user perception of transit service quality[J]. International Journal of Sustainable Transportation, 2011, 5(4): 216-232.

[43] van Acker V, van Wee B, Witlox F. When transport geography meets social psychology: toward a conceptual model of travel behaviour[J]. Transport Reviews, 2010, 30(2): 219-240.

[44] Arroyo R, Ruiz T, Mars L, et al. Influence of values, attitudes towards transport modes and companions on travel behavior[J]. Transportation Research Part F: Traffic Psychology and Behaviour, 2020, 71: 8-22.

[45] Outwater M L, Castleberry S, Shiftan Y, et al. Attitudinal market segmentation approach to mode

choice and ridership forecasting: structural equation modeling[J]. Transportation Research Record Journal of the Transportation Research Board, 2003, 1854(1): 32-42.

[46] Golob T F. Structural equation modeling for travel behavior research[J]. Transportation Research Part B: Methodological, 2003, 37(1): 1-25.

[47] Sakano R, Benjamin J M. A structural equations analysis of revealed and stated travel mode and activity choices[J]. Transportmetrica, 2008, 4(2): 97-115.

[48] Handy S, Cao X Y, Mokhtarian P. Correlation or causality between the built environment and travel behavior? Evidence from Northern California[J]. Transportation Research Part D: Transport and Environment, 2005, 10(6): 427-444.

[49] Rafiq R, McNally M G, Sarwar Uddin Y, et al. Impact of working from home on activity-travel behavior during the COVID-19 pandemic: an aggregate structural analysis[J]. Transportation Research Part A: Policy and Practice, 2022, 159: 35-54.

[50] Ramezani S, Hasanzadeh K, Rinne T, et al. Residential relocation and travel behavior change: investigating the effects of changes in the built environment, activity space dispersion, car and bike ownership, and travel attitudes[J]. Transportation Research Part A: Policy and Practice, 2021, 147: 28-48.

[51] 杨励雅, 邵春福, 李霞. 城市居民出行方式选择的结构方程分析[J]. 北京交通大学学报, 2011, 35(6): 1-6.

[52] 周钱, 李一, 孟超, 等. 基于结构方程模型的交通需求分析[J]. 清华大学学报(自然科学版), 2008, 48(5): 879-882.

[53] 张涛, 孙帆, 晋民杰, 等. 基于结构方程的在校大学生公交选择行为研究[J]. 重庆交通大学学报(自然科学版), 2022, 41(5): 26-34.

[54] 陈坚, 杨亚璪, 李小兵, 等. 基于SEM的城市公交方式选择行为模型[J]. 交通运输系统工程与信息, 2014, 14(5): 202-208, 215.

[55] 严海, 王熙蕊, 梁文博, 等. 基于结构方程模型的通勤交通方式选择[J]. 北京工业大学学报, 2015, 41 (4): 590-596.

[56] Koppelman F S, Pas E I. Travel-choice behavior: models of perceptions, feelings, preference, and choice[J]. Transportation Research Record, 1980: 26-33.

[57] Ben-Akiva M, McFadden D, Gärling T, et al. Extended framework for modeling choice behavior[J]. Marketing Letters, 1999, 10(3): 187-203.

[58] Walker J L. Extended discrete choice models: integrated framework, flexible error structures, and latent variables[D]. Cambridge: Massachusetts Institute of Technology, 2001.

[59] Ben-Akiva M, Walker J, Bernardino A T, et al. Integration of choice and latent variable models[R]. Perpetual motion: Travel Behaviour Research Opportunities and Application Challenges, 2002: 431-470.

[60] Asgari Toorzani A, Rassafi A A. The effect of cultural values on pro-environmental attitude in the

context of travel mode choice: a hierarchical approach[J]. Transportation Research Part F: Traffic Psychology and Behaviour, 2022, 88: 291-308.

[61] Aaditya B, Rahul T M. Psychological impacts of COVID-19 pandemic on the mode choice behaviour: a hybrid choice modelling approach[J]. Transport Policy, 2021, 108: 47-58.

[62] Yan Y Y, Zhong S Q, Tian J F, et al. An empirical study on consumer automobile purchase intentions influenced by the COVID-19 outbreak[J]. Journal of Transport Geography, 2022, 104: 103458.

[63] Thorhauge M, Swait J, Cherchi E. The habit-driven life: accounting for inertia in departure time choices for commuting trips[J]. Transportation Research Part A: Policy and Practice, 2020, 133: 272-289.

[64] Nazari F, Noruzoliaee M, Mohammadian A. Electric vehicle adoption behavior and vehicle transaction decision: estimating an integrated choice model with latent variables on a retrospective vehicle survey[J]. Journal of the Transportation Research Record, 2024, 2678(4): 378-397.

[65] Kim J, Rasouli S, Timmermans H J P. Investigating heterogeneity in social influence by social distance in car-sharing decisions under uncertainty: a regret-minimizing hybrid choice model framework based on sequential stated adaptation experiments[J]. Transportation Research Part C: Emerging Technologies, 2017, 85: 47-63.

[66] Kavta K, Goswami A K. Estimating mode choice of motorized two-wheeler commuters under the influence of combined travel demand management measures: an ICLV modeling approach[J]. Transport Policy, 2022, 126: 327-335.

[67] Sarkar P P, Mallikarjuna C. Effect of perception and attitudinal variables on mode choice behavior: a case study of Indian city, Agartala[J]. Travel Behaviour and Society, 2018, 12: 108-114.

[68] Ingvardson J B, Thorhauge M, Kaplan S, et al. Incorporating psychological needs in commute mode choice modelling: a hybrid choice framework[J]. Transportation, 2022, 49(6): 1861-1889.

[69] Venkadavarahan M, Marisamynathan S. Estimation of rider's shifting intention for electric bike adoption: an integrated choice and latent variable approach[J]. Transportation Letters, 2022, 14(10): 1151-1161.

[70] Sarangi P, Manoj M. A tour-based mode choice model accommodating the influence of attitudes, perceptions, and inter-and intra-household interactions[J/OL]. [2023-12-22]. https://doi.org/10.1007/s11116-023-10428-7.

[71] Dannemiller K A, Mondal A, Asmussen K E, et al. Investigating autonomous vehicle impacts on individual activity-travel behavior[J]. Transportation Research Part A: Policy and Practice, 2021, 148: 402-422.

[72] Enam A, Konduri K C, Pinjari A R, et al. An integrated choice and latent variable model for

multiple discrete continuous choice kernels: application exploring the association between day level moods and discretionary activity engagement choices[J]. Journal of Choice Modelling, 2018, 26: 80-100.

[73] 刘锴, 王静, 王江波, 等. 考虑个体偏好异质性的定制公交选择行为[J]. 中国公路学报, 2024, 37(6): 279-287.

[74] 叶玉玲, 韩明初, 陈俊晶. 基于出行链的城际旅客出行方式选择行为[J]. 同济大学学报（自然科学版）, 2018, 46(9): 1234-1240.

[75] Hair J F, Anderson R E, Tatham R L, et al. Multivariate Analysis[M]. Englewood: Prentice Hall International, 1998.

[76] Kamakura W A, Wedel M. Market Segmentation: Conceptual and Methodological Foundations [M]. New York: Springer Science & Business Media, 1999.

[77] Smith W R. Product differentiation and market segmentation as alternative marketing strategies [J]. Journal of Marketing, 1956, 21(1): 3-8.

[78] 王培才. 市场细分理论的新发展[J]. 中国流通经济, 2004, 18(4): 33-35.

[79] Kamakura W A, Kim B D, Lee J. Modeling preference and structural heterogeneity in consumer choice[J]. Marketing Science, 1996, 15(2): 152-172.

[80] 陈坚, 甘蜜. 城市交通出行行为中的潜变量研究综述[J]. 交通运输系统工程与信息, 2014, 14(6): 21-29.

[81] 裘炜毅, 赵娅丽, 杨东援. 基于市场细分的城市客运交通需求分析方法[J]. 同济大学学报（自然科学版）, 2003, 31(9): 1049-1053.

[82] Anable J. "Complacent car addicts" or "aspiring environmentalists"? Identifying travel behaviour segments using attitude theory[J]. Transport Policy, 2005, 12(1): 65-78.

[83] Cheng L, Shi K B, de Vos J, et al. Examining the spatially heterogeneous effects of the built environment on walking among older adults[J]. Transport Policy, 2021, 100: 21-30.

[84] Hu H, Xu J G, Shen Q, et al. Travel mode choices in small cities of China: a case study of Changting[J]. Transportation Research Part D: Transport and Environment, 2018, 59: 361-374.

[85] Ao Y B, Zhang Y T, Wang Y, et al. Influences of rural built environment on travel mode choice of rural residents: the case of rural Sichuan[J]. Journal of Transport Geography, 2020, 85: 102708.

[86] 何明卫, 肖明阳, 何民, 等. 考虑空间异质性的短距离出行方式选择研究[J]. 重庆交通大学学报（自然科学版）, 2023, 42(3): 112-118, 127.

[87] 刘宇峰, 安韬, 钱一之, 等. 不同规模城市居民出行方式影响因素分析[J]. 中国公路学报, 2022, 35(4): 286-297.

[88] 赵莹, 柴彦威, 关美宝. 中美城市居民出行行为的比较: 以北京市与芝加哥市为例[J]. 地理研究, 2014, 33(12): 2275-2285.

[89] 张萌, 孙全欣, 陈金川, 等. 北京市女性出行行为研究[J]. 交通运输系统工程与信息, 2008, 8(2): 19-26.

[90] 刘建荣, 郝小妮, 石文瀚. 新冠疫情对老年人公交出行行为的影响[J]. 交通运输系统工程与信息, 2020, 20(6): 71-76, 98.

[91] 张政, 毛保华, 刘明君, 等. 北京老年人出行行为特征分析[J]. 交通运输系统工程与信息, 2007, 7(6): 11-20.

[92] 张兵, 陶文康, 刘建荣, 等. 有限理性视域下老年人出行方式选择巢式 Logit 模型[J]. 交通运输系统工程与信息, 2023, 23(6): 74-82.

[93] 石庄彬, 鄢春花, 何明卫, 等. 建成环境对老年人出行方式选择的非线性影响[J]. 交通运输工程与信息学报, 2023, 21(1): 49-63.

[94] 陈坚, 李和平, 钟异莹, 等. 中低收入人群居住地与出行选择行为研究综述[J]. 交通运输系统工程与信息, 2017, 17(4): 19-26.

[95] 程龙, 陈学武, 冯岑, 等. 城市低收入居民日出行链特征及其影响因素分析[J]. 武汉理工大学学报（交通科学与工程版）, 2015, 39(2): 273-278.

[96] 赵琳娜, 王炜, 季彦婕, 等. 乘客差异化需求对公交出行满意度的影响[J]. 城市交通, 2014, 12(4): 65-71.

[97] Wang J Y, Kaza N, McDonald N C, et al. Socio-economic disparities in activity-travel behavior adaptation during the COVID-19 pandemic in North Carolina[J]. Transport Policy, 2022, 125: 70-78.

[98] Hunecke M, Haustein S, Böhler S, et al. Attitude-based target groups to reduce the ecological impact of daily mobility behavior[J]. Environment and Behavior, 2010, 42(1): 3-43.

[99] Hensher D A. Market segmentation as a mechanism in allowing for variability of traveller behaviour[J]. Transportation, 1976, 5(3): 257-284.

[100] Green P E, Krieger A M. Alternative approaches to cluster-based market-segmentation[J]. Journal of the Market Research Society, 1995, 3(37): 221-239.

[101] dos Reis R A, Grant-Muller S, Lovelace R, et al. Different people, different incentives? Examining the public acceptance of smartphone-based persuasive strategies for sustainable travel using psychographic segmentation[J]. International Journal of Sustainable Transportation, 2022, 16(1): 1-21.

[102] 毕晓莹, 程龙. 不同区位条件下低收入人群出行特征分析: 以湖州为例[R]. 新型城镇化与交通发展——2013 年中国城市交通规划年会暨第 27 次学术研讨会, 2014: 1531-1540.

[103] Ajzen I. The theory of planned behavior[J]. Organizational Behavior and Human Decision Processes, 1991, 50(2): 179-211.

[104] Schwartz S H. Normative influences on altruism[J]. Advances in Experimental Social Psychology, 1977, 10: 221-279.

[105] Shiftan Y, Outwater M L, Zhou Y S. Transit market research using structural equation modeling and attitudinal market segmentation[J]. Transport Policy, 2008, 15(3): 186-195.

[106] Crawford F. Segmenting travellers based on day-to-day variability in work-related travel

behaviour[J]. Journal of Transport Geography, 2020, 86: 102765.

[107] 刘花, 陈艳艳. 北京市居民出行方式人群分类[J]. 交通标准化, 2014, 42(5): 6-10, 14.

[108] 刘健, 张宁. 基于模糊聚类的城际高铁旅客出行行为实证研究[J]. 交通运输系统工程与信息, 2012, 12(6): 100-105.

[109] Khan N A, Morency C. Investigating anticipated changes in post-pandemic travel behavior: latent segmentation-based logit modeling approach using data from COVID-19 era[EB/OL]. https://journals.sagepub.com/doi/10.1177/03611981221149730[2023-12-25].

[110] Kim S H, Mokhtarian P L. Taste heterogeneity as an alternative form of endogeneity bias: investigating the attitude-moderated effects of built environment and socio-demographics on vehicle ownership using latent class modeling[J]. Transportation Research Part A: Policy and Practice, 2018, 116: 130-150.

[111] Arunotayanun K, Polak J W. Taste heterogeneity and market segmentation in freight shippers' mode choice behaviour[J]. Transportation Research Part E: Logistics and Transportation Review, 2011, 47(2): 138-148.

[112] van de Coevering P, Maat K, van Wee B. Residential self-selection, reverse causality and residential dissonance. A latent class transition model of interactions between the built environment, travel attitudes and travel behavior[J]. Transportation Research Part A: Policy and Practice, 2018, 118: 466-479.

[113] Teichert T, Shehu E, von Wartburg I. Customer segmentation revisited: the case of the airline industry[J]. Transportation Research Part A: Policy and Practice, 2008, 42(1): 227-242.

[114] Boxall P C, Adamowicz W L. Understanding heterogeneous preferences in random utility models: a latent class approach[J]. Environmental and Resource Economics, 2002, 23(4): 421-446.

[115] Greene W H, Hensher D A. A latent class model for discrete choice analysis: contrasts with mixed logit[J]. Transportation Research Part B: Methodological, 2003, 37(8): 681-698.

[116] 杨亚璪, 唐浩冬, 彭勇. 考虑偏好差异的后疫情时代居民出行方式选择行为研究[J]. 交通运输系统工程与信息, 2022, 22(3): 15-24.

[117] 刘志伟, 刘建荣, 邓卫. 考虑潜在类别的市内机动化出行行为模型[J]. 西南交通大学学报, 2021, 56(1): 131-137.

[118] Eluru N, Pinjari A R, Pendyala R M, et al. An econometric multi-dimensional choice model of activity-travel behavior[J]. Transportation Letters, 2010, 2(4): 217-230.

[119] Jara-Diaz S. Transport and time use: the values of leisure, work and travel[J]. Transport Policy, 2020, 86: A7-A13.

[120] Liu C X, Susilo Y O, Karlström A. Jointly modelling individual's daily activity-travel time use and mode share by a nested multivariate Tobit model system[J]. Transportmetrica A: Transport Science, 2017, 13(6): 491-518.

[121] Kline R B, Santor D A. Principles and practice of structural equation modelling[J]. Canadian Psychology, 1999, 40(4): 381.

[122] Bollen K A. Structural Equations with Latent Variables[M]. New York: John Wiley & Sons, 1989.

[123] Lu X D, Pas E I. Socio-demographics, activity participation and travel behavior[J]. Transportation Research Part A: Policy and Practice, 1999, 33(1): 1-18.

[124] Golob T F. A simultaneous model of household activity participation and trip chain generation[J]. Transportation Research Part B: Methodological, 2000, 34(5): 355-376.

[125] Jöreskog K G, Sörbom D. LISREL 8: User's Reference Guide[M]. Chicago: Scientific Software International, 1996.

[126] Jöreskog K G. New developments in LISREL: analysis of ordinal variables using polychoric correlations and weighted least squares[J]. Quality and Quantity, 1990, 24(4): 387-404.

[127] Muthén B. A general structural equation model with dichotomous, ordered categorical, and continuous latent variable indicators[J]. Psychometrika, 1984, 49(1): 115-132.

[128] Bollen K A. Structural Equations with Latent Variables[M]. New York: John Wiley & Sons, 2014.

[129] Byrne B M. Structural Equation Modeling with LISREL, PRELIS, and SIMPLIS: Basic Concepts, Applications, and Programming[M]. New York: Psychology Press,1998.

[130] Sakano R, Benjamin J M. A structural model of mode-activity choice: the case of commuter rail in a medium-size metropolitan area[J]. Transport Policy, 2011, 18(2): 434-445.

[131] Browne M W, Cudeck R. Alternative ways of assessing model fit[J]. Sociological Methods & Research, 1992, 21(2): 230-258.

[132] Marsh H W, Grayson D. Latent variable models of multitrait-multimethod data[J]. Structural Equation Modeling: Concepts, Issues, and Applications, 1995: 177-198.

[133] Jöreskog K G, Sörbom D. LISREL 7 User's Reference Guide[M]. Lincolnwood: Scientific Software International,1989.

[134] Kim J, Rasouli S, Timmermans H J P. The effects of activity-travel context and individual attitudes on car-sharing decisions under travel time uncertainty: a hybrid choice modeling approach[J]. Transportation Research Part D: Transport and Environment, 2017, 56: 189-202.

[135] Hess S, Spitz G, Bradley M, et al. Analysis of mode choice for intercity travel: application of a hybrid choice model to two distinct US corridors[J]. Transportation Research Part A: Policy and Practice, 2018, 116: 547-567.

[136] Mehdizadeh M, Zavareh M F, Nordfjaern T. Mono-and multimodal green transport use on university trips during winter and summer: hybrid choice models on the norm-activation theory[J]. Transportation Research Part A: Policy and Practice, 2019, 130: 317-332.

[137] Bhat C R, Dubey S K. A new estimation approach to integrate latent psychological constructs in

choice modeling[J]. Transportation Research Part B: Methodological, 2014, 67: 68-85.

[138] Vij A, Walker J L. How, when and why integrated choice and latent variable models are latently useful[J]. Transportation Research Part B: Methodological, 2016, 90: 192-217.

[139] Alsaleh N, Farooq B, Zhang Y X, et al. On-demand transit user preference analysis using hybrid choice models[J]. Journal of Choice Modelling, 2023, 49: 100451.

[140] Hajivassiliou V A, McFadden D L. The method of simulated scores for the estimation of LDV models[J]. Econometrica, 1998, 66(4): 863-896.

[141] Keane M P. Four essays in empirical macro and labor economics[D]. Providence: Brown University, 1990.

[142] Keane M P. A computationally practical simulation estimator for panel Data[J]. Econometrica, 1994, 62(1): 95-116.

[143] Geweke J. Efficient simulation from the multivariate normal and student-t distributions subject to linear constraints and the evaluation of constraint probabilities[R]. The 23rd Symposium on the Interface, 1991.

[144] Raveau S, Álvarez-Daziano R, Yáñez M F, et al. Sequential and simultaneous estimation of hybrid discrete choice models[J]. Transportation Research Record: Journal of the Transportation Research Board, 2010, 2156(1): 131-139.

[145] Paulssen M, Temme D, Vij A, et al. Values, attitudes and travel behavior: a hierarchical latent variable mixed logit model of travel mode choice[J]. Transportation, 2014, 41(4): 873-888.

[146] Temme D, Paulssen M, Dannewald T. Incorporating latent variables into discrete choice models: a simultaneous estimation approach using SEM software[J]. Business Research, 2008, 1(2): 220-237.

[147] Raveau S, Yáñez M F, de Dios Ortúzar J. Practical and empirical identifiability of hybrid discrete choice models[J]. Transportation Research Part B: Methodological, 2012, 46(10): 1374-1383.

[148] Bhat C R, Sidharthan R. A simulation evaluation of the maximum approximate composite marginal likelihood (MACML) estimator for mixed multinomial probit models[J]. Transportation Research Part B: Methodological, 2011, 45(7): 940-953.

[149] Murphy K M, Topel R H. Estimation and inference in two-step econometric models[J]. Journal of Business & Economic Statistics, 1985, 3(4): 370-379.

[150] Daziano R A, Bolduc D. Covariance, identification, and finite-sample performance of the MSL and Bayes estimators of a logit model with latent attributes[J]. Transportation, 2013, 40(3): 647-670.

[151] Guo D B, Yao E J, Liu S S, et al. Exploring the role of passengers' attitude in the integration of dockless bike-sharing and public transit: a hybrid choice modeling approach[J]. Journal of Cleaner Production, 2023, 384: 135627.

[152] Susilo Y O, Axhausen K W. Repetitions in individual daily activity-travel-location patterns: a study using the Herfindahl-Hirschman index[J]. Transportation, 2014, 41(5): 995-1011.

[153] Lanzendorf M. Mobility styles and travel behavior: application of a lifestyle approach to leisure travel[J]. Transportation Research Record: Journal of the Transportation Research Board, 2002, 1807(1): 163-173.

[154] Lee B, Timmermans H J P. A latent class accelerated hazard model of activity episode durations[J]. Transportation Research Part B: Methodological, 2007, 41(4): 426-447.

[155] Klöckner C A, Friedrichsmeier T. A multi-level approach to travel mode choice: how person characteristics and situation specific aspects determine car use in a student sample[J]. Transportation Research Part F: Traffic Psychology and Behaviour, 2011, 14(4): 261-277.

[156] Matyas M, Kamargianni M. Investigating heterogeneity in preferences for mobility-as- a-service plans through a latent class choice model[J]. Travel Behaviour and Society, 2021, 23: 143-156.

[157] Rafiq R, McNally M G. Heterogeneity in activity-travel patterns of public transit users: an application of latent class analysis[J]. Transportation Research Part A: Policy and Practice, 2021, 152: 1-18.

[158] Ma T Y, Gerber P, Carpentier S, et al. Mode choice with latent preference heterogeneity: a case study for employees of the EU institutions in Luxembourg[J]. Transportmetrica A: Transport Science, 2015, 11(5): 441-463.

[159] Krueger R, Vij A, Rashidi T H. Normative beliefs and modality styles: a latent class and latent variable model of travel behaviour[J]. Transportation, 2018, 45(3): 789-825.

[160] Pronello C, Camusso C. Travellers' profiles definition using statistical multivariate analysis of attitudinal variables[J]. Journal of Transport Geography, 2011, 19(6): 1294-1308.

[161] Lee Y, Chen G Y H, Circella G, et al. Substitution or complementarity? A latent-class cluster analysis of ridehailing impacts on the use of other travel modes in three southern U.S. cities[J]. Transportation Research Part D: Transport and Environment, 2022, 104: 103167.

[162] Beck L, Ajzen I. Predicting dishonest actions using the theory of planned behavior[J]. Journal of Research in Personality, 1991, 25(3): 285-301.

[163] Castanier C, Deroche T, Woodman T. Theory of planned behaviour and road violations: the moderating influence of perceived behavioural control[J]. Transportation Research Part F: Traffic Psychology and Behaviour, 2013, 18: 148-158.

[164] Wang S Y, Fan J, Zhao D T, et al. Predicting consumers' intention to adopt hybrid electric vehicles: using an extended version of the theory of planned behavior model[J]. Transportation, 2016, 43(1): 123-143.

[165] Ajzen I, Fishbein M. Understanding Attitudes and Predicting Social Behavior[M]. Englewood Cliffs: Prentice-Hall, 1980.

[166] Fishbein M, Ajzen I. Belief, attitude, intention, and behavior: an introduction to theory and

research[J]. Contemporary Sociology, 1977, 6(2): 244-245.

[167] Aboelmaged M. E-waste recycling behaviour: an integration of recycling habits into the theory of planned behaviour[J]. Journal of Cleaner Production, 2021, 278: 124182.

[168] Ralph K M, Brown A E. The role of habit and residential location in travel behavior change programs, a field experiment[J]. Transportation, 2019, 46(3): 719-734.

[169] Hoang-Tung N, Kojima A, Kubota H. Transformation from intentions to habits in travel behavior: an awareness of a mediated form of intention[J]. Transportation Research Part F: Traffic Psychology and Behaviour, 2017, 49: 226-235.

[170] Gutiérrez M, Hurtubia R, de Dios Ortúzar J. The role of habit and the built environment in the willingness to commute by bicycle[J]. Travel Behaviour and Society, 2020, 20: 62-73.

[171] Lizana M, Tudela A, Tapia A. Analysing the influence of attitude and habit on bicycle commuting[J]. Transportation Research Part F: Traffic Psychology and Behaviour, 2021, 82: 70-83.

[172] Gardner B. Modelling motivation and habit in stable travel mode contexts[J]. Transportation Research Part F: Traffic Psychology and Behaviour, 2009, 12(1): 68-76.

[173] Verplanken B, Aarts H. Habit, attitude, and planned behaviour: is habit an empty construct or an interesting case of goal-directed automaticity?[J]. European Review of Social Psychology, 1999, 10(1): 101-134.

[174] Hutton R B, Ahtola O T. Consumer response to a five-year campaign to combat air pollution[J]. Journal of Public Policy & Marketing, 1991, 10(1): 242-256.

[175] Ramos É M S, Bergstad C J, Nässén J. Understanding daily car use: driving habits, motives, attitudes, and norms across trip purposes[J]. Transportation Research Part F: Traffic Psychology and Behaviour, 2020, 68: 306-315.

[176] Møller B, Thøgersen J. Car use habits: an obstacle to the use of public transportation?[M]//Jensen-Butler C, Sloth B, Larsen M M, et al. Road Pricing, the Economy and the Environment. Berlin, Heidelberg: Springer, 2008: 301-313.

[177] Vega-Gonzalo M, Gomez J, Christidis P. How has COVID-19 changed private car use in European urban areas? An analysis of the effect of socio-economic characteristics and mobility habits[J]. Transportation Research Part A: Policy and Practice, 2023, 172: 103679.

[178] Eriksson L, Garvill J, Nordlund A M. Interrupting habitual car use: the importance of car habit strength and moral motivation for personal car use reduction[J]. Transportation Research Part F: Traffic Psychology and Behaviour, 2008, 11(1): 10-23.

[179] Klöckner C A, Matthies E. How habits interfere with norm-directed behaviour: a normative decision-making model for travel mode choice[J]. Journal of Environmental Psychology, 2004, 24(3): 319-327.

[180] Ashok K, Dillon W R, Yuan S. Extending discrete choice models to incorporate attitudinal and

other latent variables[J]. Journal of Marketing Research, 2002, 39(1): 31-46.

[181] Donald I J, Cooper S R, Conchie S M. An extended theory of planned behaviour model of the psychological factors affecting commuters' transport mode use[J]. Journal of Environmental Psychology, 2014, 40: 39-48.

[182] KLöckner C A, Matthies E, Hunecke M. Problems of operationalizing habits and integrating habits in normative decision-making models[J]. Journal of Applied Social Psychology, 2003, 33(2): 396-417.

[183] Fornell C, Larcker D F. Evaluating structural equation models with unobservable variables and measurement error[J]. Journal of Marketing Research, 1981, 18(1): 39-50.